Ulrich Schaffer
Ich ahne den wechselnden Weg

Für alle,
die auf der leidenschaftlichen Suche
nach dem Hintergrund
und Urgrund der Dinge sind,
die nicht aufgeben,
auch wenn man sie belächelt
oder wenn sie selbst mal mutlos werden.

Für die Wühler und Schatzgräber
im Reich der Kleinigkeiten.
Für die Spinner,
die immer Zeit haben
für ein sinnvolles Gespräch,
für einen gefüllten Blick
oder für das Austauschen eines Buches,
in dem eine Spur zu finden ist,
und die mit ihrem Spinnen
langsam das Stroh zu Gold verwandeln,
aber nur sichtbar für andere Alchemisten.

Für die
mit der zweiten Sicht,
mit der Sicht in die Dinge hinein
und aus ihnen heraus,
für die, die mit dem Herzen sehen.

Ulrich Schaffer

# Ich ahne
# den wechselnden Weg

Im Tagebuch sich selbst begegnen

Kreuz Verlag

© by Dieter Breitsohl AG
Literarische Agentur Zürich 1985
Alle deutschsprachigen Rechte beim Kreuz Verlag Stuttgart

2. Auflage (9.–11. Tausend) 1987
Kreuz Verlag Stuttgart 1985
Umschlaggestaltung: Ulrich Schaffer
Autorenfoto: Wolfram Heidenreich
Gesamtherstellung: Ebner Ulm

ISBN 3 7831 0793 8

# Inhalt

# Worte sind Türen

## Eine Vorbemerkung

Das Tagebuch, mein »Journal«, ist in den letzten Jahren die passende Form für mein Schreiben geworden, so wie keine andere. Aufzeichnungen dieser Art spiegeln den Ablauf, den Denk- und Verarbeitungsprozeß meines Lebens am besten wider. Manchmal haben die anderen Formen des Schreibens, das Gedicht, die Erzählung, fast etwas Gestelltes an sich. Und das Gestellte, Unechte will ich nicht. Ich habe mich darum nicht zu Formen gezwungen, die ich nicht füllen konnte. Mir blieb immer die Form des Journals, mit der Freiheit, etwas auch einfach als Fragment stehen zu lassen.

Das Journal erlaubt mir, zwingt mich manchmal sogar, ehrlich zu sein und ehrlich zu bleiben. Es hat natürlich auch seine eigenen Versuchungen. Jede Schreibform, jede Gattung hat ihre eigenen Gefahren. Ich bin sehr froh, die Form des Journals für mich entdeckt zu haben.

1982 erschien der erste Band meiner Aufzeichnungen (»journal«, aufzeichnungen september 1980 bis dezember 1981). In den Band hatte ich alles aufgenommen, was ich in dem Zeitraum von vierzehn Monaten an Eintragungen geschrieben hatte. Es ging mir da um Vollständigkeit, um das Nicht-Auswählen, das So-lassen-wie-es-ist. Weil ich auf dieses Journal soviel engagierte Post, wie sonst auf keins meiner Bücher, bekommen habe, habe ich mich entschlossen, einen zweiten Band folgen zu lassen. Diesmal habe ich aus dem Zeitraum eines Jahres ausgewählt, um etwas mehr Dichte herzustellen.

Ich betrachte diese Aufzeichnungen wie ein Werkbuch, wie einen Notizblock, wie ein Zeichenheft. Und doch sind sie nicht nur Vor- oder Fingerübungen zu anderem Schreiben. Sie sind in sich komplett, gerade auch in ihrer Unvollständigkeit. Sie beanspruchen nicht, eine abgerundete Sicht der Welt zu sein. Sie sind die Fragmente eines Prozesses. Natürlich haben mir diese Aufzeichnungen geholfen, andere Formen des Schreibens ins Leben zu rufen. Diese Eintragungen sind nötig gewesen, um andere Formen und Ausdrücke in mir werden zu lassen.

Ich habe in den Jahren des täglichen Aufzeichnens wieder ganz neu entdeckt, wie sehr ich die Sprache mag. Die Aufzeichnungen sind darum auch eine Liebeserklärung an die Sprache. Sie ist ein Stück Zugang zu mir selbst. Die Dinge, Situationen, Personen und Gedanken werden lebendiger, wenn ich sie benenne. Ich schreibe die Welt und mich ins Leben.

*Ulrich Schaffer*
*Burnaby, B. C. Canada*

# Das Tagebuchschreiben als Weg zu sich selbst

»Wer zu seinem Tagebuch kommt,
kommt zu sich selbst und zur Welt,
er umarmt die Erscheinungen des äußeren Lebens
und umarmt seine Erfahrungen...«

*Marie Luise Kaschnitz*

Schon lange vor Augustins »Bekenntnissen« und in den 1600 Jahren seitdem ist das Aufzeichnen von Erlebnissen und Gedanken für viele eine wichtige Form der Verarbeitung von Erlebtem gewesen. Es scheint, als ob unsere Erlebnisse durch ihre Gestaltung und durch eine gestaltete Reaktion auf sie uns noch fester und tiefer gehören. Durch die Verarbeitung, die auf ganz verschiedene Art geschehen kann, wird aus dem Erlebnis eine Erfahrung, die ihre Spuren im Leben des Menschen hinterläßt. Wo diese Verarbeitung nicht stattfindet, bleibt eine Erlebnisgier, die nicht zu stillen ist. Laotse, der weise Chinese, hat schon vor 2600 Jahren treffend gesagt: »Je weiter du rennst, desto weniger kennst du. Der Weise versteht die Welt, ohne zu reisen.« (Die Beatles haben übrigens diesen Gedanken dann direkt in eines ihrer Lieder aufgenommen.) Es geht also nicht um mehr Erleben, sondern um die Durchdringung des Erlebten. Wichtig ist dabei das Zeithaben. Wo Erlebnis zu Erlebnis kommt, ohne daß Zeit zur Reflexion bleibt, da verlieren die einzelnen Ereignisse ihre Bedeutung. Sie gehen in der Flut unter.

Es gibt viele Arten des Reagierens auf Erlebtes. Die geläufigen Kunstformen sind Reaktionen auf innere oder äußere Abläufe. Malen, Schreiben, Bildhauern, Schauspielern, Tanzen, jeweils mit ihren vielen Unterteilungen und Kombinationen, sind Versuche der Verarbeitung und Gestaltung. Aber bei diesen Gedanken zum Tagebuchschreiben geht es mir nicht in erster Linie um Kunstformen, sondern um die Bewältigung des Alltäglichen. Das Gestalten eines Zimmers, das Entdecken des Briefschreibens, das Wandern mit offenen Augen, das gestaltete Gespräch, das kreative Kochen sind Unternehmungen, bei denen es immer wieder um dasselbe geht: Wir wünschen etwas zu erwidern auf das, was das Leben an uns heranträgt. Wir wollen antworten, uns bemerkbar machen, uns ausdrücken. Unser Ausdruck, und es geht hier nicht so sehr um einen kunstvollen, sondern um einen ehrlichen Ausdruck, ist ein Stück Verarbeitung und Gestaltung.

Ich glaube, daß dieser Vorgang ein ganz grundlegender im Menschen ist. Grund-legend: Wir erarbeiten uns mit diesem Erwidern ein Stück Festland, wir legen einen Grund, auf dem wir das Leben wieder ein Stück besser verstehen und ertragen können. Es gehört mit zu unserer Seelenhygiene. Ich merke manchmal, daß meine Seele ein großes Durcheinander ist. Es fällt mir auf, daß dies meistens so ist, wenn ich dieses Verarbeiten, diese Ruhe zum Reflektieren, dieses nach innen Hören, vernachlässigt habe. Ich muß mich dann zurückziehen, stille Zeit für mich haben, nichts tun, vielleicht etwas lesen, einfach nur Denkzeit haben. Dann ordnet sich manches wieder in mir. Wenn ich dann sogar aufschreibe, was sich in mir tut, wenn ich versuche, Worte zu finden für meinen inneren Zustand, dann verstehe ich mich selbst meistens wieder besser. Es kann mir dann aber auch helfen, meine Kamera zu schnappen und ein paar Stunden photographieren zu gehen oder in der Dunkelkammer zu verschwinden und einige Vergrößerungen abzuziehen. So finde ich wieder zu mir.

Dieses Durchreflektieren oder Gestalten macht das Leben nicht unbedingt leichter. Es kann sein, daß mir Dinge auffallen, die mir unangenehm sind. Daraus kann eine tiefe Traurigkeit entstehen. Ich begegne eben mir selbst mit allem, was in mir steckt. Ich will nicht verdrängen, sondern ansehen. Ich lerne meinen Schatten kennen, das Unverstandene und Ungeliebte an mir.

Ich möchte hier eine Reihe von Beobachtungen mit der Leserin/dem Leser teilen über das, was das Tagebuchschreiben bedeuten und auslösen kann. Ich habe es immer wieder als einen Weg zu mir selbst erlebt und möchte darüber auf den nächsten Seiten reflektieren.

In Nordamerika ist das Tagebuchschreiben fast zu einer Art Subkultur geworden. In allen großen Städten werden Workshops dazu abgehalten. Es gibt Anleitungsbücher für solche, die anfangen wollen; es gibt Gruppen, die ihre Erlebnisse mit ihren Journalen austauschen. Marilyn Ferguson hat in ihrem Buch »Die sanfte Verschwörung«, in dem sie versucht, die Möglichkeiten der Zukunft zu skizzieren, die Resultate einer Umfrage veröffentlicht. Sie hat Menschen, deren Leben sich einschneidend verändert hat, gebeten zu berichten, auf welche Umstände, Einsichten oder Praktiken diese Veränderung zurückzuführen sei. Das Tagebuchführen und Traumtagebuchführen stand an dritter Stelle. 31 Prozent der Befragten sahen das schriftliche Reflektieren als ausschlaggebend an für ihre Veränderung.

Während ich an diesem Vorwort arbeitete, kam eine Einladung zu einem öffentlich ausgeschriebenen Journal-Workshop ins Haus geflattert. Da heißt es: »Self-understanding and Spiritual Discovery – Selbstverständnis und geistliche Entdeckung": Dieser Workshop wird spezifische Methoden anbieten, sich dem eigenen Leben zu nähern durch das Tagebuchschreiben. Dies Tagebuchschreiben ist nicht gleichzusetzen mit dem Führen eines Tagebuchs als Jugendlicher. Es ist als eine Hilfe zu verstehen, um das Gespräch mit seinem tiefsten Inneren und mit Gott aufzunehmen. Für viele ist es der Anfang eines neuen Weges geworden.

# Das Leben setzt sich
## aus Kleinigkeiten zusammen

Sicherlich hat schon jeder erlebt, daß gerade die Kleinigkeiten unser Tagesempfinden oft stark verändern, zum Guten oder zum Schlechten. Die großen Entwicklungen »haben wir im Griff«, weil wir auf sie eingestellt sind. Wir sehen sie kommen oder leiten sie sogar ein, etwa einen Wohnungs- oder Berufswechsel, Eheschließung oder Scheidung, das Aufgeben oder Vertiefen von Freundschaften, ein neues Hobby, die Entscheidung, wo man seine Ferien verbringen will. Sie treffen uns zwar und bestimmen unser Leben, aber wir lernen irgendwie, damit umzugehen. Es ist Zeichen unseres Erwachsenseins, diese Dinge zu meistern. Und wenn wir sie nicht meistern, gibt es immer noch die Hilfe von außen: Seelsorger, Berater, Therapeuten. Es wird auch immer akzeptabler, daß wir zuzeiten diese Hilfe annehmen. (In manchen Kreisen gehört es schon zum guten Ton. Da hat man seinen Arzt, seinen Innendekorateur und seinen Therapeuten.)

Ganz anders ist es im Bereich der sogenannten Kleinigkeiten. Die hat man selbst zu verarbeiten. Die dürfen einen überhaupt nicht so treffen und umtreiben. Und doch kann ein liebloses Wort einen erwachsenen Menschen für den Rest des Tages aus dem Gleis werfen. Die Entscheidung, was zu einer gewissen Festlichkeit am besten zu tragen wäre, kann einem den Tagesanfang verderben. Für manche ist der Tagesanfang die Weichenstellung für den Rest des Tages. Auch setzt sich unser Bild von uns selbst größtenteils aus den »Kleinigkeiten« zusammen, die uns rückgemeldet werden. Daher sind wir so anfällig für Kleinigkeiten und können sie nicht so leicht abtun, wie wir meinen.

Darum ist es wichtig, die Kleinigkeiten mit ihren Auswirkungen zu bemerken und zu verstehen. Nur so werden wir ihnen nicht total ausgeliefert sein. Im Tagebuch haben darum gerade Kleinigkeiten ihren Platz. Die kleinen Enttäuschungen, Freuden, Fehlschläge und Regungen. Von ihnen lernen wir viel über uns selbst und werden so fähiger, mit dem Großen umzugehen. Gerade im Bereich der kleinen Freuden merke ich, wie schnell ich vergesse, was mich froh gemacht hat. An die negativen Erlebnisse erinnere ich mich länger, und fast unmerklich bekommt mein Leben durch diese verschobene Perspektive eine Einseitigkeit, die vielleicht nur auf Vergeßlichkeit zurückzuführen ist. Durch das bewußtere Erleben, und das geschieht durch das Aufzeichnen, entdecken wir, daß unser Leben viel reicher ist, als wir vermutet haben. Wir haben einfach zu viel übersehen. Dies ist auch zu verstehen, weil wir in einer Gesellschaft leben, in der häufig nur Superlative zählen. Da hat das Kleine, Unscheinbare, »Unwichtige« keinen Platz. Aber wir werden dadurch ärmer. Das Tagebuch kann uns helfen, den eigenen Reichtum zu entdecken und bewußter mit ihm zu leben.

## Einen Namen finden

Es gehört mit zum Menschsein, alles zu benennen. Ein Name überwindet Abstand. Wenn wir einen Namen für etwas gefunden haben, bedroht es uns nicht mehr so sehr. In jeder Kultur ist der Name des Menschen sehr wichtig. Wir brauchen Namen, um Ordnung und Übersicht zu schaffen.

Der Prozeß des Schreibens ist, allem einen Namen zu geben. Die Welt wird handhabbarer. Wir können alles anreden. Eine Kommunikation kann stattfinden. Im Tagebuchschreiben wird dies ganz deutlich. Uns geht es nicht gut, wir leiden an irgend etwas. Beim Notieren dieses Zustandes finden wir Worte, die uns näher an diesen Zustand heranführen. Wir beginnen zu verstehen. Wir können mit uns selbst, und vielleicht dann später auch mit jemand anders, darüber reden. Unser Leid hat einen Namen, und damit hat es auch ein Gesicht bekommen. Vielleicht läßt sich jetzt auch der Ursprung finden, und es mag sogar Möglichkeiten geben, Entscheidungen zu treffen, die diesen Zustand verändern. In diesem Vorgang haben wir uns an etwas »herangeschrieben« und es dann schreibend begriffen. So erobern wir Leben. Wir finden den Weg aus dem Diffusen und Unklaren.

Wie oft erleben wir das Gefühl des Fremdseins in der Welt! Dabei ist es doch unsere Welt! Wir haben uns nur nicht wohnlich in ihr gemacht. Wir haben sie nicht bei dem richtigen Namen gerufen, damit sie sich uns auftun konnte. Den richtigen Namen zu finden, das ist es, worum es im Schreibprozeß geht.

Der Schreibende schafft mit Worten eine Entsprechung zu der Welt in und um sich, so wie es der Maler mit Farben tut. Aber weder die gefundenen Worte noch die gemalte Landschaft sind identisch mit dem, wofür Worte und Farben stehen. Doch für den Schreibenden und Malenden ist es jetzt eher möglich geworden, mit dem Überwältigenden des Lebens umzugehen. Nur so kann ich mir die tiefe Freude erklären, die ich so oft beim Schreiben erlebe. Es sind doch nur Worte auf dem Papier, denke ich dann. Aber es sind eben nicht nur Worte, sondern es ist ein Gespräch mit mir und der Welt um mich.

Natürlich hat auch das Benennen seine Grenzen. Manches will namenlos bleiben. Es gibt Gefühle, Phänomene und Gedanken, für die es keine eindeutigen Entsprechungen in der Sprache gibt. Da werden wir sprach-los. Kein Wort trifft, was wir spüren. Und doch ist es schon ein großer Schritt, diese Sprachlosigkeit bewußt zu erleben. Wirklich erlebte Sprachlosigkeit liegt näher beim Überwältigtsein als beim Diffusen, Unklaren. Da bleibt dann nur noch das Annehmen des Namenlosen.

## Tagebuchschreiben, um das Unbewußte zu erkennen

In uns passiert ständig etwas. Wir nehmen wahr, wir registrieren, wir reagieren, wir urteilen, wir kombinieren. Aber wir realisieren und durchschauen viele dieser Vorgänge nicht. Sie bleiben unter der Oberfläche. Vielleicht wundern wir uns nur, warum uns ein Mensch so wenig gefällt, während uns ein anderer begeistert, oder warum wir uns heute so wohl fühlen, während wir erst gestern so unglücklich waren. Wir spüren vielleicht Kräfte in uns, wissen aber nicht, woher sie kommen und wie mit ihnen umzugehen ist. Wir ahnen Verbindungen zwischen dem, was wir denken, und einer inneren Welt, können diese Verbindungen aber nicht bewußt herstellen. So bleibt die Welt in uns, die uns stark beeinflußt und oft für die Stimmungen, aus denen wir handeln, verantwortlich ist, uns unbekannt. Das Tagebuchschreiben ist eine Art Bewußtmachungsübung. Durch das Aufschreiben gehen wir manchem einfach gründlicher nach.

Zum Beispiel entdecke ich, daß mir eine Person nicht gefällt, weil sie sehr viel Ähnlichkeiten mit einer anderen Person hat, mit der ich schon lange Mühe habe. Vielleicht stelle ich fest, daß ich eine gewisse Idee ablehne, nicht weil mir die Idee nicht gefällt, sondern weil ich die Unsicherheit, die mit der Idee käme, scheue. Oder ich erlebe meine Projektionen: Ich verliebe mich in jemand, weil diese Person einem inneren Traumbild in mir entspricht. Insgesamt werde ich meine Motivierungen besser durchschauen und bewußter mit ihnen umgehen. Das Leben tritt aus dem Bereich der Stimmungen in den Bereich der Entscheidungen. Ich bin nicht mehr so stark meinen Trieben, Bedürfnissen und Verknotungen ausgeliefert. Ich entscheide, und wenn ich entscheide, habe ich stärker das Empfinden, daß mein Leben mir gehört und daß ich nicht nur gelebt werde, weder von mir selbst noch von meiner Umwelt.

Gerade das Aufschreiben von Ahnungen, Bildern, Gefühlen und Vermutungen schafft uns die Begegnung mit dem Unbewußten. Was wir zuinnerst tragen, bringen wir so aus uns heraus und zu Papier, wo wir es ansehen und untersuchen können. Es bleibt dann nicht nur ein flüchtiger Gedanke, eine »Anwandlung«, der wir nicht viel Bedeutung beimessen. Die schriftliche Fixierung macht sie wichtig. Wenn wir dann feststellen, daß »nichts dahinter« war, können wir sie loslassen. Aber zumindest haben wir versucht, der tieferen Dimension in uns nachzugehen. Manches verstehen wir auch nicht, weil die Zeit dafür noch nicht reif ist. Wir würden nicht ertragen können, was wir entdecken.

Von Jesus hieß es, daß er wußte, was im Menschen war. Ich vermute, daß er dies wußte, weil er wußte, was er in *sich* trug. Er lebte bewußt. Er kannte sich und wußte darum, was andere nötig hatten. So fand er die richtigen Worte für die Frau am Brunnen oder für den blinden Bartimäus. Er wußte auch, was er selbst wollte, er schwieg vor Herodes und ließ sich auf der Hochzeit von Kana nicht unter Druck setzen.

Es geht also beim Kennenlernen des Unbewußten, beim Verstehen der stillen, unsichtbaren Hintergründe nicht nur um eine übertriebene Selbstanalyse, sondern es geht um ein Durchdringen und Verstehen des Lebens, nicht im selbstischen Sinn, sondern um formgebend, gestaltend und schöpferisch am Leben teilzunehmen. Mit der wachsenden Bewußtwerdung nimmt die Lebensqualität zu, auch wenn damit das Leben nicht unbedingt einfacher wird.

Bei all diesen Überlegungen geht es ja nicht nur um mich selbst, um den Schreibenden und Bewußtwerdenden. Ich verstehe andere Menschen immer nur so weit, wie ich mich selbst verstehe. Die Menschen, die die Zusammenhänge in ihrem eigenen Leben nicht verstehen und nicht versuchen, sie zu durchschauen, werden ihre Mitmenschen auch immer wieder nur als Rätsel erleben. Unsere starke Tendenz, andere zu richten, ist sicherlich mit einem fehlenden Bewußtsein unser selbst verbunden. Was wir in uns selbst nicht verdrängen müssen, weil wir es verstehen und annehmen können, auch wenn es dunkel und schwierig ist, brauchen wir im andern nicht zu verurteilen. Jesus wendet sich so vehement gegen das Richten, weil nicht nur der Gerichtete zerstört wird, sondern weil der Richtende dabei weiter unbewußt leben kann, eben weil er nicht auf sich sieht, sondern auf den andern. Das Gleichnis von dem Menschen, der einen Balken im Auge hat und einen anderen richtet, der einen Splitter hat, macht dies deutlich. Dem Menschen mit dem Balken fehlt jede Selbsterkenntnis. Vielleicht sind auch die Kritiker der Selbstanalyse und Bewußtwerdung Menschen, die Angst haben, sich selbst zu begegnen, und darum andere vor diesem Weg warnen.

# Tagebuchschreiben verhilft dazu, den eigenen Weg rückblickend zu erkennen

Um Wachstum feststellen zu können, muß man Vergleichsmöglichkeiten haben. Ich stelle nur fest, daß ein Baum gewachsen ist, wenn ich ihn im letzten Jahr gemessen habe und ihn jetzt wieder messe. Ähnlich geht es mir mit mir selbst. Weil ich ständig bei mir bin, fällt es mir manchmal schwer, festzustellen, was wirklich bei mir passiert ist. Die Veränderungen sind so klein und gehen so langsam vor sich, daß ich mir nicht sicher bin, ob sich tatsächlich etwas getan hat.

Ein anderes Bild: Wenn man sich umdreht, sieht man an seinen Spuren, wo man gewesen ist. Aber man muß Spuren hinterlassen. Tagebuchschreiben ist Spuren hinterlassen. Im Schreiben gerate ich immer wieder an die Grenzen meiner Persönlichkeit. Ich merke, wo ich Angst habe, wo ich nicht weiterdenken kann oder will, ich spüre, was mich verletzt, ich begegne meinen Sehnsüchten und Träumen. Ich notiere direkt und indirekt auch meine Erfolge, meine Selbstüberwindungen, mein Glück. Das sind meine Spuren. Auch reagiere ich auf das, was das Leben an mich heranträgt: ein Buch, ein Film, ein Gespräch, ein politisches Ereignis, eine Begegnung. Meine Reaktionen sind meine Spuren.

Beim späteren Lesen entdecke ich dann meine Veränderungen. Ich bin überrascht, wenn ich lese, was mich vor zwei oder drei Jahren beschäftigt hat, wo ich vor einem Problem gestanden habe, das schier unlösbar schien. Oder ich merke, daß mich eine Frage schon vor Monaten indirekt interessiert hat, daß sie aber erst jetzt zu einer formulierten Frage geworden ist. Oder ich spüre meine Reifung, wenn ich lese, wie ich früher über manche Menschen gedacht habe. Ich merke wie nie zuvor, daß ich in einem fortlaufenden Prozeß stehe. Durch die aufgezeichneten Erlebnisse bekomme ich eine greifbare Vergangenheit. Mein Leben wird mir wertvoller, ich finde eine Heimat in meinem Denken und Handeln.

Die verarbeitete Vergangenheit kann man ohne Angst ansehen. Viele leiden unter dem Ungeklärten ihrer Vergangenheit und verlieren so die Beziehung zu sich selbst, wie sie früher waren. Ihr Leben besteht nur aus dem »Jetzt«. Sie leben geschichtslos und wiederholen darum auch oft ihre eigene Geschichte, ohne dabei zu wachsen. Sie kommen nicht los von ihr, zu freien Entscheidungen. Aufzeichnungen über mich selbst und meine Welt geben mir diese Geschichte und machen mich zunehmend freier, meine eigene Geschichte zu schreiben.

## Tagebuchschreiben stellt Kontinuität her

Viele Menschen leben ein zerstückeltes Leben. Hier die Arbeit, da die Familie; hier der Glaube, da die Hobbys; hier die Freunde, da die Träume. Alles klafft auseinander, zerfällt in Fragmente. Es fehlt der Zusammenhalt. Wir haben Geheimnisse vor uns selbst, kriegen die Stücke unseres Lebens nicht zusammen und kommen uns komisch vor.

Im Tagebuch, das offen, ehrlich und direkt geführt wird, begegnen sich all diese Seiten. Wir können lernen, die Einzelstücke zuerst zusammen zu denken und dann auch zusammen zu erleben. Das Tagebuch kann uns helfen, unser Leben mehr und mehr »aus einem Stück« zu gestalten.

Es geht auch hier wieder darum, die Zusammenhänge zu entdecken. Wir erleben zwar »punktuell«, müssen aber versuchen, diese Einzelerlebnisse sinnvoll zueinander in Beziehung zu setzen. Ich reagiere heute so, weil ich gestern oder letztes Jahr etwas ganz Bestimmtes erlebt habe. Integriert zu leben heißt, die kausalen Verbindungen zu begreifen. Aber ich werde sie nur begreifen, wenn ich mich beobachte und reflektiere, und es ist nicht genug, dies gedanklich zu tun. In unseren Gedanken neigen wir dazu, uns entweder im Kreis zu bewegen, also immer wieder nur dasselbe zu denken, oder aber gewisse Gedanken, besonders wenn sie schmerzhaft sind, nicht zu Ende zu denken. Was wir dann brauchen, ist eine selbstauferlegte Disziplin. Durch das Tagebuchschreiben ermutigen wir uns selbst, zunächst gedanklich und dann später auch handelnd in

Neuland vorzustoßen. Ein Kreis-Denken oder ein abgebrochenes Denken ist offensichtlicher, wenn es auf Papier passiert und nicht nur im Kopf. Wenn wir ehrlich sein wollen, dann ist es schriftlich schwerer, uns selbst etwas vorzumachen, als gedanklich. Unser Denkfehler wird uns eher auffallen. Wir werden so konsequenter denken und dann auch handeln. Und Konsequenz hat viel mit Kontinuität zu tun. Da, wo wir aus einem Kern handeln, gibt es zwar auch das starke Erlebnis, das uns betroffen macht, aber es wirft uns nicht so aus der Bahn, daß wir hauptsächlich Verunsicherung spüren. Weil der Kern Kontinuität herstellt, hat das einzelne Erlebnis seinen Ursprung und seinen Platz mitten in unserem Leben. Es ist kein Fremdkörper, sondern Resultat meines bisherigen Lebens. Mit anderen Worten: Wenn ich um meine Ängste weiß, werde ich meine Kompensierungen für diese Ängste besser durchschauen und mir nicht so leicht in die Tasche lügen; wenn ich meine Wünsche gut kenne, werde ich mir nicht so leicht glauben, wenn ich eine Ideologie aufbaue, um mir diese Wünsche leichter und ohne schlechtes Gewissen zu erfüllen; wenn ich die zerstörerische Selbstverneinung, die viele von einer religiösen Erziehung mitgeliefert bekommen, entlarve, werde ich nicht überrascht sein, wenn der Wunsch nach Bestätigung und Selbstbestätigung überstark in mir wird und ich dementsprechend handle.

Wenn ich etwas durchschaue, heißt das nicht, daß ich dann gleich ganz anders leben müßte. Es kann eher heißen, daß ich mir gewisse Dinge erlauben muß, um meine Entwicklung organisch weiterwachsen zu lassen. Aber ich bin nicht mehr Spielball meiner Erlebnisse. Ihre Macht über mich ist relativiert. Ich bestimme mein Leben. So entscheide ich mehr und mehr aus dem Kern in mir heraus, und gerade dadurch wächst auch der Kern in mir. Ich werde mit mir selbst identisch. Die Wende im Leben des verlorenen Sohnes kam, als es von ihm heißt: Er ging in sich. Er kam zu sich. Ich gehe in *mich*, und nicht mehr nur *in die Erlebnisse*. Weil ich ich bin und mich habe, habe ich Kontinuität.

# Tagebuchschreiben:
## (Wieder-)Entdecken der Sprache

Wie viele von uns sagen oft: Dafür finde ich keine Worte! Ich erlebe oft, daß Menschen mich ansprechen und mir sagen, daß das, was sie in meinen Büchern lesen, dem entspricht, was sie unartikuliert in sich spüren. Sie sind dankbar, daß jemand es für sie sagt. Sie erleben es als eine Erleichterung, Worte zu hören, die ihrem Inneren entsprechen.

Und doch müssen wir unsere eigenen Worte für unsere inneren Zustände finden. Der andere kann nie ganz unsere Stimme sein. Da, wo wir ihn zu unserer Stimme machen, vernachlässigen wir etwas an uns selbst. Der tiefste Wunsch, den ich meinen Büchern mitgebe, ist darum auch nicht, daß andere meine Gedanken nachempfinden oder nachsprechen können, sondern daß der Leser durch die Lektüre zu seinen eigenen Gedanken und Einstellungen findet. Erst dann ist das Buch erfolgreich gewesen.

Die Grenze zwischen Sprachlosigkeit, Sprachvernachlässigung und Sprachfaulheit ist fließend. Die Sprache ist wie eine Person, die man umwirbt, die man liebt. Mit wachsender Liebe wird sich uns die Sprache öffnen, uns einlassen und beschenken. Ich habe eine Liebesbeziehung zur Sprache. Sie ist mir wie eine nahe Freundin. Manchmal rette ich mich in die Sprache. Sie gibt mir Geborgenheit, Freiheit, Freude. Sie öffnet mir Schleichwege zu mir selbst und zu anderen. Sie hilft mir, Zusammenhänge im Leben zu entdecken. Sie ist Werkzeug, Musikinstrument und Schlüssel.

Für mich ist es ein beglückender Moment, wenn ich die Worte oder Wortbilder gefunden habe, die einen inneren Zustand in mir oder in einer von mir geschaffenen Figur deutlich machen. Es ist ein Erfolgserlebnis. Etwas Verborgenes ist mittels des Wortes, dieser einfachen Buchstaben auf dem Papier, oder durch Laute in die Luft gestellt, sichtbar und greifbar geworden.

Die Sprache ist unser Hauptkommunikationsmittel, und doch vernachlässigen wir sie sehr. Wir gehen unachtsam mit ihr um und wundern uns dann, daß wir einander mißverstehen. Ein Tagebuch zu führen kann uns helfen, die Sprache zu einer Verbündeten auf unserem Weg zu uns selbst zu machen. Die Schriftstellerin Marie Luise Kaschnitz hat es so ausgedrückt:

> *»Es liegt mir daran, noch zu sagen, daß ich eine große Befürworterin des Tagebuchschreibens auch der Nichtschriftsteller bin. Gerade diesen kann es das Glück und die Pein vermitteln, die jeden erfüllen, der etwas Bestimmtes auf eine bestimmte Weise auszudrücken versucht. Auch der Nichtschriftsteller kann auf solche Art etwas festhalten, das ihm sonst vielleicht unwiederbringlich verloren wäre. Selbst wenn er nur kurze Sätze, nur Leitworte hinschreibt, wird sein Gedächtnis ihn später mit einer Fülle von Einzelheiten überschütten.«*

Die Sprache *ist* ein wichtiger Weg zu uns selbst und zueinander. Viele gehen ihn nicht, weil er, wie alle anderen Wege zu uns selbst, zu unseren wirklichen Wünschen und Sehnsüchten, ein schwieriger Weg ist.

# Tagebuchschreiben entwickelt Kreativität

*»Der Vorgang des Schreibens löst Denkprozesse aus, die ohne den Vorgang des Schreibens nie ausgelöst werden können, Gedanken, die ich vorher hatte, erweisen sich plötzlich als falsch aus dem einzigen Grund, daß sie keinen oder nur einen schlaffen und unzulänglichen Satz erlauben. Schreibend werde ich so auf neue Geleise des Denkens rangiert und komme dann an ein Ziel, wohin ich nicht wollte, um dort zu entdecken, daß ich am richtigen Ziel bin. Schreiben ist also ein Umweg, den das Denken einschlägt, um mit mir ans Ziel zu kommen, das scheinbar auf keinem direkteren Weg als diesem Umweg erreichbar ist.«*                                    Kurt Marti

Wir fühlen uns wohler, wenn wir kreativ sind, weil wir uns selbst dabei mehr erleben. Es ist ein tiefes Bedürfnis des Menschen, gestaltend am Leben teilzuhaben und nicht nur zu konsumieren. In den letzten Wochen beobachte ich eine Frau, die gerade begonnen hat zu aquarellieren und zu zeichnen. Schon lange hat sie es tun wollen. Jetzt hat sie den Schritt gewagt und ist überwältigt von der Welt, die sich ihr auftut. Sie will nicht berühmt werden, denkt noch nicht einmal an eine Ausstellung ihrer Arbeiten. Das ist überhaupt nicht wichtig. Sie ist dabei, sich ganz neu zu entdecken; in ihr bewegt sich etwas, und das macht sie glücklich. Sie kämpft mit der Technik und den Materialien, um das zu Papier zu bringen, was sie in sich trägt. Es ist auch nicht wichtig, daß Macke oder Nolde besser aquarellieren konnten, besser als sie es je können wird. Sie steht in keiner Konkurrenz. Ihr Ziel ist es, lediglich das zu gestalten, was sie in sich sieht. In ihrem kreativen Unternehmen mit all seinen Fehlschlägen empfindet sie sich als besonders lebendig.

Mit dem Tagebuchschreiben ist es ähnlich. Es geht nicht um große Literatur oder Schriftstellerei – es geht um die Gestaltung des inneren Lebens. In uns allen schlummert Ungeahntes, das darauf wartet, von uns ins Leben gerufen zu werden. Das erfordert Disziplin und Konzentration. Wenn man nur auf den

Kuß der Muse wartet, geschieht meistens nicht viel. Es ist Arbeit, kreativ zu sein.

Ich empfinde immer wieder, daß das Tagebuchschreiben einen der einfachsten und direktesten Zugänge zu dieser Lebenseinstellung bietet. Ich schreibe über mich und meine Welt, ich fange bei mir an und sehe, wohin es mich führt. Es mag mich vom Tagebuchschreiben wegführen zu einem anderen kreativen Ausdruck, oder ich kann meine Ausflüge in neue Bereiche, die sich mir öffnen, tagebuchschreibend begleiten. Wichtig ist nur, daß ich diese schöpferische Einstellung dem Leben gegenüber gewinne, um zu mir selbst und zur Welt um mich her zu finden.

Daß uns Kreativität so tief berührt und Freude macht, hat mit der ursprünglichen Bestimmung des Menschen zu tun. Gott hat den Menschen zu seinem Ebenbilde geschaffen. Der Mensch ist ein Mit-Schöpfer bei der fortlaufenden Schöpfung. Das Schöpferische ist unsere Berufung.

Wir brauchen den Mut, Neues zu denken, Neues zu schaffen, Neues zu leben. Es reicht nicht aus, nur das weiterzuleben, was »nun mal läuft«. Wir sind dazu berufen, unser Leben zu erfinden, zu entwerfen und zu gestalten. Kreativ tätig zu sein ist eine Art Selbsterneuerung. Man (er)findet sich selbst dabei ganz neu.

## Tagebuchschreiben als Selbsttherapie

Jeden Tag finden auf der Welt viele, viele Gespräche statt: Therapiegespräche, in denen ein Mensch einem anderen »sein Herz ausschüttet« und schon darin Erleichterung erlebt. Er braucht den anderen in erster Linie zum Zuhören. Der gute Zuhörer erlaubt ihm, das zu sagen, was in ihm ist, was sich da an Verknotungen, Verbiegungen und Verklemmungen angesammelt hat und ihn hindert, das Leben fließen zu lassen.

Beim Tagebuchschreiben bin ich beides, der Sprechende und der Hörende. Ich schreibe und lese, was ich geschrieben habe. Ich werde mein eigener Seelsorger. Bei einem guten, weiterführenden, helfenden Gespräch geht es darum, daß der Hilfesuchende seine Nöte und Probleme formuliert. Wenn Jesus den Blinden fragt: »Was willst du, daß ich dir tun soll?«, dann in erster Linie, um den Blinden an den Punkt zu bringen, wo er sagt, was in ihm ist, was sein tiefster Wunsch ist, und wo er diesen Wunsch nach außen bringt. Das ist der erste und sehr wichtige Schritt zu einer Heilung. Das Wunder seiner Heilung kann erfolgen, nachdem er gesagt hat: Ich will sehend werden! Es reicht nicht, den Wunsch der Gesundung in sich zu tragen. Er muß sich selbst in ihn investieren, sich hineingeben. Wir scheitern so oft, weil wir unsere Wünsche nicht von innen nach außen bringen. Die Wünsche werden dann nie zu Handlungen, sondern bleiben Wunschträume, die unerfüllbar scheinen. Und weil dies schmerzhaft ist, spüren wir dann immer weniger Wünsche und formulieren noch weniger. Das ist der Abstieg in die Wunschlosigkeit in Form von Empfindungslosigkeit.

Es geht also um das Formulieren dessen, was ich will, um das Formulieren meiner Stellung. Das Tagebuch wartet wie ein Hörer auf unsere Sprache. Es fordert uns heraus, Worte für unsere inneren Zustände zu finden, wie ein Therapeut. Wenn unser Tagebuch nicht nur aus abgehobenen Kommentaren zu politischen oder kulturellen Ereignissen besteht, sondern wenn wir in unserem Tagebuch wirklich vorkommen, wenn wir in ihm »drin« sind, dann wird es uns einen Spiegel vorhalten, in dem wir sehen, wo wir gesunden können, wo wir Hilfe brauchen, und vielleicht auch, woher die Heilung kommen könnte. Das Tagebuch ist dabei lediglich das Medium, durch das wir uns selbst das sagen können, was wir wissen. Es hilft uns auf den Weg der Selbstheilung.

Es ist nötig, noch zu erwähnen, daß es natürlich Probleme gibt, die kein Tagebuchschreiben lösen kann. Es kann sogar sein, daß sie gerade durch das Reflektieren und Schreiben akut werden. Das Schreiben ist kein Allheilmittel, und jede/jeder muß ganz persönlich entscheiden, wie weit sie/er allein gehen kann und wann Hilfe von außen nötig ist. Wer Tagebuch schreibt, begibt sich auf einen Weg, der nicht gefahrenlos ist, der aber Wunden offenlegt, damit Heilung für sie gesucht wird.

## Tagebuchschreiben und Inspiration

Eng verwandt mit der Kreativität ist die Inspiration, aber ich möchte sie doch gesondert hervorheben.

Ich glaube, daß wir in uns ein Wissen um den richtigen Weg tragen. Etwas in uns weiß mehr, als wir bewußt wissen. Dieser Gedanke ist ja auch schon in Verbindung mit dem Unbewußten aufgetaucht. Aber im Zusammenhang mit der Inspiration ist mir der Spiritus Sanctus, der Heilige Geist, wichtig. Von diesem Geist ist uns gesagt, daß er uns in alle Wahrheit leiten wird. Das ist Inspiration, vom Geist erfüllt zu sein. Aber wie können wir diese Leitung wahrnehmen und uns ihr überlassen? Wir sind umgeben von Stimmen und Einflüssen, die uns in diese oder jene Richtung schieben wollen. Wir tragen Stimmen in uns, die ihre Ansprüche anmelden. Welches ist die Stimme des Heiligen Geistes, welches ist die lebenfördernde Inspiration?

Für viele ist das Gebet eine Hilfe, diese Leitung zu finden. Aber ich weiß, daß für manch einen das Gebet in seiner bekannten Form und seinen vertrauten Inhalten schwerer und schwerer nachzuvollziehen ist. Da kann das Tagebuchschreiben eine Form des Betens und Hörens sein. In dem gewissenhaften Aufschreiben von dem, was uns bewegt, wenden wir uns Gott zu. Im stillen Hören nach innen, während wir nach Worten suchen oder nur warten, kann der Heilige Geist zu uns sprechen und uns be-geistern. In einer Zeit der Zerstreuung finden wir durch die Disziplin des Schreibens einen Punkt der Konzentration.

# Ich, Du auf dem Weg in die Zukunft

Die uralte Frage: Wer bin ich? wird seit Tausenden von Jahren gestellt, und jede Generation und jeder einzelne beantwortet sie anders. Die Frage läßt uns nicht los. Vielleicht fasziniert uns die Frage so, weil sie nicht mit Worten, sondern nur durch unser Leben direkt zu beantworten ist.

Ich merke, daß in den letzten Jahren eine andere Frage den Platz der obigen eingenommen hat. Sie lautet: Wer werde ich sein? Oder noch genauer formuliert: Wer will ich sein? – Wer bin ich? ist die Frage der Gegenwart. Wer will ich sein? ist die Frage der Zukunft. Manchmal langweilt mich die Gegenwart. Sie ist so erreichbar, so ohne Mysterium, eben weil sie schon da ist. Dann reizt mich die Zukunft, aber nicht im Sinne von »in die Zukunft schauen«, das meine ich nicht. Ich will nicht wissen, was sein wird, aber ich möchte wissen, daß etwas sein kann, daß es ungeahnte Möglichkeiten gibt. Wissen möchte ich nicht, was sich von diesen Möglichkeiten realisieren läßt, aber *ahnen* möchte ich, daß es sie gibt. Ich finde es dann bestürzend, festzustellen, was in mir und durch mich möglich sein kann. Fast alles ist offen. Die Gegenwart mit ihrem Erreichten wirkt dagegen fast fade.

Oft geht es uns miteinander ähnlich. Wir langweilen einander. Ich kenne X und Y. Ich weiß in etwa ihre Reaktionen, ihren Geschmack, ihre Sprache, ihre Gestik, ihre Angewohnheiten. Sie sind vorhersagbar geworden. Zu dem Vorhersagbaren gehören auch die Überraschungen, die sie ab und zu liefern. Und ihnen geht es mit mir ähnlich. Ich wiederhole mich, ich habe meine Steckenpferde, meine fast gleichbleibenden Nöte und Vorlieben.

Was uns an uns selbst und am anderen fasziniert, ist das Potential. Wo wir uns durch unsere Ziele, durch das Angestrebte definieren, da werden wir wieder interessant. Da reißen wir das Erreichte der Gegenwart auf und begeben uns auf einen Weg. Ich bin ja nicht nur der, der ich bin, sondern ich bin auch mein Ziel, mein Traum, meine Vorstellung. Sie leben in mir und tragen zu mir bei. Ich bin zwar der, der ich bin, aber noch viel mehr. Ich bin auch meine Sehnsucht nach dem, der ich sein will. Meine schönsten Gespräche mit Menschen sind die, in denen wir unsere Träume vergleichen und austauschen. Nicht Träume als Flucht vor dem Jetzt und vor dem Leben, sondern als Entwurf für die Zukunft, die ja in konstanter Berührung mit der Gegenwart existiert, die also nicht weit weg ist, sondern schon hier, schon fühlbar, schon zu gestalten.

Für mich ist darum das Leben ein ständiger Versuch, Wege in die Zukunft anzulegen, die die Zukunft dann zu dem machen, was ich mir vorstelle. Mein Leben jetzt ist der Versuch einer Mitbestimmung, wie die Zukunft sein wird. Ich akzeptiere nicht, daß ich der Zukunft einfach ausgeliefert bin. Die Zukunft ist zum großen Teil ein Resultat meiner Beschäftigung mit ihr.

Da ist mir mein Tagebuchschreiben immer wieder sehr hilfreich, um zwei Dinge zu klären: Wo bin ich und wo will ich hin? Durch diese Beschäftigung lerne ich ein besseres Hören nach innen. Ich lerne die Gegenwart besser einzuschätzen und werde empfänglicher für das Ahnen des wechselnden Weges in meinem Leben. Ich identifiziere die Gegenwart und »höre« die Zukunft. Ich werde stärker ein Teil des Flusses, der mein Leben ist. Dabei sind die vielen »kleinen« und »unscheinbaren« Regungen genauso wichtig wie das Große, Dramatische. Die Unterteilung fällt fast weg. Wichtig ist meine jetzige Stellung zu mir selbst, zu meinen Mitmenschen, zu Gott, zur Welt um mich. Und wichtig ist ebenso meine Vorstellung, wie diese Beziehungen sein könnten und wie ich sie wünsche. Kurz gefaßt: Was ist und was ist möglich?

Tagebuchschreiben ist darum nicht eine versponnene Art, seinen eigenen Bauchnabel zu betrachten, sondern ein aktives Anteilnehmen an den Abläufen in der Welt. Es ist kein Rückzug in eine innere Welt, bestimmt von Egozentrik, sondern das Bauen an einer noch unsichtbaren Welt, die aber im nächsten Moment schon sichtbar wird.

Ich glaube, daß unsere Welt Besinnung braucht. Zumindest die westliche Welt. Oft verlieren wir gerade das, was wir erreichen wollen, in zuviel Aktion. Darum ist Besinnung eine ganz besondere Form von Aktion. Ich glaube, daß sie das Herz der

Aktion ist. Ich wünsche mir einen besonnenen Geist, der kreativ an meiner Zukunft und der Zukunft der Welt mitgestaltet und der der Liebe einen größeren Platz einräumt.

## Wie fange ich praktisch an?

Der äußere Rahmen des Tagebuchschreibens ist sehr wichtig. Es nur nebenbei und halbherzig zu tun bringt nichts. Wir müssen uns selbst die besten Voraussetzungen schaffen, um das Schreiben durchzuhalten und ein Stück weiter auf dem Weg zu uns selbst zu kommen.

## Wie soll mein Tagebuch aussehen?

Hier geht es schon los. Es ist wichtig, ein Buch oder Heft zu wählen, daß uns anzieht, in das wir gern schreiben. Ich schreibe in relativ dünnen, kleinen schwarzen Heften, die nur 10 x 17 cm groß sind. Sie haben einen weichen Deckel, und ich kann sie einfach in die Jackentasche stecken und überallhin mitnehmen. Das ist mir wichtig, weil ich oft unterwegs Dinge sehe und mir Gedanken kommen, die ich vielleicht vergessen habe, bis ich wieder zu Hause bin. Diese Hefte sehen nicht besonders schön aus, aber sie sind mir zu guten Freunden geworden, weil sie so leicht mitzunehmen sind und ich ihren Reichtum und ihre Möglichkeiten buchstäblich in der Tasche fühle. Andere schreiben in feineren Büchern, mit Stoff überzogen, einladend lustig oder klassisch elegant. Jede/jeder sollte sein/ihr Buch finden. Es ist wichtig, daß es etwas Eigenes ist, das zu uns paßt. Schon bei der Auswahl des Buches zeigt sich, ob ich mich wichtig genug nehme, mir etwas Gutes zu tun und *mein* Buch zu finden.

# Das Schreibgerät

Auch das ist sehr wichtig, vielleicht noch wichtiger als das Buch. Mit einem klecksenden Füller oder Kuli zu schreiben oder mit einem Bleistift, der so hart ist, daß man stark drücken muß, kann einem das ganze Schreiben verleiden. Das Schreiben selbst muß schon Spaß machen. Ich schreibe seit Jahren mit Füller und erlebe es immer wieder, wie gern ich schon meinen Füller zur Hand nehme, ihn in der Hand halte und dann ansetze zu schreiben. Es ist ein Fest, die Tinte auf das Blatt fließen zu sehen. Ich merke, wie die Freude am Schreiben auch mein Denken beflügelt. Mir kommen Gedanken, damit meine Hand weiterschreiben kann. Für mich ist der Akt des Schreibens vergleichbar mit dem Akt des Sprechens: Ich forme Buchstaben zu Worten auf dem Papier, so wie ich Laute zu gesprochenen Worten und Sätzen forme. Es ist ein schöpferischer Akt. Ich bin in meiner Hand, die schreibt. Wichtig ist, daß das gewählte Schreibgerät die Leserlichkeit der Handschrift fördert und selbst kein Hindernis im Schreibvorgang ist. Es ist dumm, wenn man mitten in einem guten Gedanken das Schreibinstrument erst mehrmals auf den Tisch schlagen muß, um die Tinte zum Fließen zu bewegen, und dabei dann den Gedanken verliert.

# Zeit und Ort

Ob ich durch das Tagebuchschreiben weiter auf dem Weg zu mir selbst komme, kann eine Frage der Selbstdisziplin sein. Im Wachstumsprozeß geschieht nichts im Handumdrehen, es sei denn, daß es schon lange vorbereitet ist. Das meiste geschieht durch den kontinuierlichen Einsatz. Das hört sich natürlich nach Arbeit an. Ist es auch.

Ich glaube, daß es sinnvoll ist, eine Zeitlang jeden Tag oder fast jeden Tag zu schreiben. Es kann sein, daß sich gerade bei dieser Disziplin Bereiche in uns öffnen, die sonst verschlossen blieben. Es ist wichtig, daß wir nicht nur über große Ereignisse und tiefe Einsichten etwas schreiben, sondern gerade auch über

Alltägliches und Unscheinbares. Da leben wir ja, und da müssen wir uns verstehen.

Ich schreibe gern abends, wenn der Tag fast vorbei ist. Die Ereignisse des Tages ziehen noch einmal an mir vorbei, und ich kann sie durchreflektieren. Aber natürlich kann jede Tageszeit »richtig« sein. Es mag auch sein, daß wir die Menschen, die mit uns sind, ein wenig trainieren müssen, uns unsere Schreibzeit wirklich zu lassen. *Ich empfinde meine Schreibzeit wie eine Gebetszeit* und werde nicht gern dabei gestört. Das ist meine ganz private Zeit. Es ist auch wertvoll, wenn man einen Ort hat, wo man schreiben kann, einen Ort, der schon in sich denkfördernd ist und an dem ich die Gedanken vom Vortag weiterspinnen kann. Ich habe meinen Schreibtisch, bin da umgeben von Büchern, die mich zum Denken anspornen. Das ist mein Denkraum. Aber ich schreibe auch gern woanders: am Frühstückstisch, wenn ich mal allein esse, unterwegs beim Zelten, in öffentlichen Verkehrsmitteln oder wo sonst mich noch Gedanken überfallen. Weil ich manchmal auch länger im Auto unterwegs bin, habe ich mir einen kleinen Kassettenrecorder gekauft. Ich kann nun Gedanken, die mir beim Fahren kommen, auf Tonband sprechen und sie dann später in mein Tagebuch übertragen.

So kann das Tagebuchschreiben zu einem ganz integralen Teil des Tages werden. Es kann wie Waschen und Essen sein, und in gewisser Weise ist es das ja auch.

## Was schreibe ich?

Alles, was mich angeht! Beim Tagebuchschreiben geht es in erster Linie um den Schreibenden. Weil es vermutlich nicht veröffentlich wird, wird es von kaum jemand außer dem Schreibenden gelesen. Es ist also eine ganz private Angelegenheit. Es muß darum niemand und nichts gerecht werden. Wenn der Schreibende sich als wichtig und zentral in diesem Vorgang versteht, dann wird er auch wirklich über sich selbst schreiben. Das Begreifen der eigenen Wichtigkeit ist der Ausgangspunkt für ein Tagebuch. Der, der begreift, daß die Liebe die Welt erschließt, wird auch verstehen, daß die Liebe zu sich selbst ebenso ein Schlüssel ist.

Wir lernen uns nur kennen, und zwar nicht nur punktuell, sondern als ganze Menschen, wenn wir uns ernst nehmen. Vor einiger Zeit bekam ich einen Telefonanruf aus Europa. Ein junger Mann hatte mein erstes Tagebuch gelesen und dabei entdeckt, so sagte er mir, daß sich hier ein Mensch ernst genommen habe und daß er das auch lernen wolle. Es folgten viele Telefonate und zwischendurch eine Begegnung. Ich war überrascht und dann tief froh, daß dieses Anliegen von mir durch die vielen Eintragungen in dem 328 seitigen Band durchgeleuchtet hatte. Daß ich noch lange nicht da bin, wo ich sein möchte im Mich-ernst-Nehmen, ist mir auch klar. Ich schreibe und suche weiter.

Es ist also schwer zu sagen, über was zu schreiben ist. Das Tagebuch kann *Beichthörer* sein. Es kann *Fluchtort* sein, wenn ich nichts und niemand mehr hören und sehen will. Es kann der Ort sein, wo ich mich selbst herausfordere und mir letzte *Ehrlichkeit* abverlange. Es kann der Ort sein, wo ich *Geheimnisse* aufbewahre, die mein Leben reich machen und die ich mit niemand teile, bis der richtige Moment gekommen ist. Es kann der Ort sein, wo ich meine eigene *Entwicklung* gewissenhaft und liebevoll beobachte und vorbereite. Das Tagebuch kann ein *Erinnerungsbuch* sein, wo ich »Steine« aufrichte wie die Patriarchen des Alten Testaments, um gewisse Ereignisse nicht zu vergessen. Das Tagebuch kann ein *Gebetstagebuch* sein, in dem ich meine Wünsche und Freuden, die ich Gott sage, aufzeichne. Es kann auch ein *Traumtagebuch* sein, in dem ich die Träume, die mein Unbewußtes mir schickt, notiere und durchreflektiere, um festzustellen, was noch alles in mir zum Leben kommen will und wo die Blockaden liegen, die aufzuräumen sind. Es kann all das und viel mehr sein. Das muß jeder Schreibende für sich allein entscheiden. Wichtig ist, daß ich das Erlebnis der »Resonanz« habe. Wenn mein Schreiben aus dem hervorgeht, was in mir klingt, dann wird auch das Geschriebene etwas in mir zum Klingen bringen. Es ist allerdings manchmal gar nicht so leicht herauszufinden, was in uns klingt. Wir sind so vollgestopft mit

Vorstellungen von dem, was wir »sollten« und »müßten« und was »wichtig« ist, was wir denken dürfen und was nicht, daß der Weg zu unseren eigensten Regungen blockiert ist. Durch das Tagebuch können wir versuchen, den Weg »freizuschreiben«.

## Schreibhindernisse und -hilfen

Langeweile beim Schreiben, das Empfinden, daß man sich wiederholt, daß man nichts zu sagen hat oder daß das Gesagte doch unwichtig ist, sind die wichtigsten Hindernisse. Da bietet es sich dann an, aufzuhören. Ein weiteres Hindernis ist unser Bedürfnis nach Abrundung und Komplettheit. Wir meinen, wir müßten etwas wissen oder beschreiben, was wir weder wissen noch beschreiben können. Wir verführen uns selbst zur Unehrlichkeit. Manch eine dogmatische, enge Position entsteht aus der Unsicherheit, etwas nicht zu wissen. Wir sagen dann mehr, als wir sind, und glauben es uns dann auch noch selbst. Es ist darum wichtig, gerade im Tagebuch einen Ort zu haben, wo ich ganz zu mir stehen kann, wie ich jetzt bin. Das heißt nicht, daß die Vorstellung von einem angestrebten Ziel nicht auch Platz im Tagebuch hätte. Keineswegs. Nur brauchen wir nicht so zu tun, als wären wir schon da. Wir müssen nicht vergebender, großzügiger, liebender sein, als wir sind. Wir dürfen da ansetzen, wo wir sind.

Für die äußeren Hindernisse beim Schreiben müssen wir Wege finden, sie zu überwinden. Das Telefon mal nicht abheben, wenn wir mitten im Schreiben sind. Früher aufstehen oder später schlafen gehen, um allein zu sein mit unserem Tagebuch. Einen Abend in der Woche aussondern zum Reflektieren und Aufzeichnen. Gewisse andere Tätigkeiten mal ein Jahr lang zurückstellen und die gewonnene Zeit zum Tagebuchschreiben nutzen. Wo ein Wille ist, ist auch ein Weg. Aber wir werden diesen Weg erst finden, wenn wir uns danach sehnen, uns in dieser Art uns selbst zuzuwenden.

Wie die meisten Hindernisse, so liegen auch die meisten Schreibhilfen in uns selbst. Wohl nichts ist so wichtig wie der

Wunsch, sich selbst zu finden, und die Ehrlichkeit, mit der man sich auf diesem Weg Fragen stellt und Antworten gibt. Dem Menschen, der entschieden unterwegs zu sich selbst ist, werden auch immer wieder neue Wege einfallen, sich besser zu verstehen, während dem, der diesen Weg eigentlich nicht gehen will, auch keine Tricks und Methoden helfen werden.

Aber vielleicht ist es doch sinnvoll, einiges aufzuzählen, was zum Tagebuchschreiben motivieren kann. Ich finde Worte an sich interessant, darum stelle ich manchmal Wortmeditation an. Das Wort löst etwas in mir aus, und ich schreibe es auf. Vielleicht sind es nur weitere, einzelne Worte. Auch die können auf eine Spur führen. Ähnlich kann es mir mit Gelesenem gehen. Ein Absatz oder Satz in einem Roman oder Gedicht scheint mir wichtig. Ich schreibe ihn mir heraus und mache mir Gedanken darüber. Wichtig ist für mich auch, daß meine Notizen nicht im besten Schuldeutsch abgefaßt werden müssen. Niemand wird sie zensieren. Ich darf darum einen Satz halbfertig lassen, wenn mir nicht mehr einfällt. Das Fragment entspricht dem Prozeß des Werdens, in dem ich stehe. Ein Film, Konzert oder Theaterstück löst ja gewöhnlich auch etwas in uns aus. Warum gefiel mir der Film (nicht)? Was sagt das über mich aus? Manchmal führen mich Gespräche mit Bekannten auch an gewisse Erinnerungen heran, und ich reflektiere sie noch einmal durch. Wir können dabei auch weit in unsere Kindheit zurückgehen. Aber ich glaube, daß es kaum etwas gibt, was uns so anregt wie die Fragen, die wir uns selbst stellen und die wir auch nur vor uns selbst beantworten. Aus diesem Grund möchte ich eine Reihe von Fragen nennen, die als Startpunkt gebraucht werden können. Für manche Tagebuchschreiber mag es hilfreich sein, einige dieser Fragen, ergänzt durch eigene, auf einem Zettel im eigenen Tagebuch zu haben.

1. Was empfinde ich jetzt? (nicht: Was *denke* ich jetzt?)
2. Was hat diese Empfindung hervorgerufen?
3. Was erwarte ich von mir? Woher kommen diese Erwartungen?
4. Habe ich ein Ziel für mich ganz persönlich? Für meine Ehe, Familie? Für meine Freundschaften?

5. Was stört mich in meiner Entwicklung? Kann ich die Störung beseitigen oder anders mit ihr umgehen?

6. Was mache ich heute oder am kommenden Wochenende mit meiner Freizeit? Ist sie schon verbucht? Warum? Will ich das?

7. Was tue ich nur, weil ich meine, man müßte es tun? Warum meine ich das? Erwarten andere tatsächlich so viel von mir, wie ich meine? Kann ich mich mit ihnen über ihre Erwartungen unterhalten?

8. Verzettle ich mich? Kann ich nein sagen?

9. Entscheide ich über mein Leben, oder werde ich von anderen Menschen und von Umständen gelebt?

10. Will ich »lieb« wirken? Würde ich es aushalten, wenn ich nicht mehr so »lieb« wäre und sich manche Menschen dann von mir zurückzögen?

11. Halte ich es ganz allein mit mir aus, oder brauche ich die Flucht in die Beschäftigung, um erfüllt zu sein?

12. Ist meine Weltanschauung wirklich *meine* Weltanschauung? Glaube ich die Dinge, die ich glaube, wirklich? Traue ich mich zu leben, was ich wirklich glaube?

13. Habe ich mich in den letzten fünf Jahren verändert? In den letzten zwei Jahren? Im letzten Jahr? Habe ich Angst vor Veränderung?

14. Mag ich mich? Was mag ich an mir, was nicht? Was mögen die anderen an mir, was nicht? Kann ich mich verändern?

15. Was vermittelt mir Energie? Kann ich dem »Energiespender« mehr Raum in meinem Leben geben?

# Ich erfinde die Welt

Aufzeichnungen November 1982 bis Dezember 1983

»Es erscheint mir nicht ausgeschlossen,
daß ein vollkommen adäquates Register
der Gedanken eines ganzen Lebens,
scheinbar einheitslos, wie es ist,
von erschütternder Kunstwirkung wäre.«

*Robert Musil*

Listen to your life.
All moments are key moments.

Höre auf dein Leben.
Alle Momente sind Schlüsselmomente.

*Frederick Buechner*

Je nachdem, wieviel Energie ich habe, entscheidet darüber, ob ich etwas positiv oder negativ erlebe. So kann eine schwierige Situation entweder eine Gefährdung oder eine Herausforderung sein. Um sie als Herausforderung zu erleben, muß ich soviel Energie haben, mich wenigstens etwas über die Situation stellen zu können. Aber warum haben einige diese Energie und andere nicht?

In mir wächst die Festigkeit, das zu leben, was mir meine eigene Zukunft öffnet, nicht verschließt. Ich will nicht mehr nach rückwärts orientiert sein. Ich will nicht mehr in der Absicherung leben. Der Sprung nach vorne zieht mich ungeheuer an. Wer will mit? möchte ich dann rufend fragen. Wer will leben? Ich will mit dir den Weg finden. (Dann spricht es doch wieder in mir: Werden sie verstehen, verkraften? Was wirst du mit den Verleumdungen tun? Und auch diesen Sprüchen gegenüber spüre ich eine Energie in mir wachsen. Mensch, es geht ums Leben, nicht um irgendwelche Spinnereien.)

*30. November*

In einem Vernichtungslager tritt eine junge, schöne Frau auf, die aus Solidarität mit den andern vernichtet werden will. Sie gehört weder einer der Rassen an, die hier vernichtet werden, noch ist sie politisch unerwünscht. Man sträubt sich, man hat nichts gegen sie. Sie besteht drauf. Sie erklärt sich nicht, bleibt nur fest entschlossen. Die Gefangenen verstehen sie nicht und wenden sich gegen sie und ihren »Selbstmord«, während die Lagerverwaltung sie langsam liebgewinnt. Als sie gerade beim Kommandanten einen Vernichtungsstopp für das ganze Lager erreicht hat (die Gefangenen wissen dies noch nicht), wird sie von einem Gefangenen ermordet. In der Konfrontation, in dem Machtkampf war kein Platz für die Ohnmacht. Und doch verändert sich durch ihren Tod vieles in einzelnen. Die Stärke der Ohnmacht.

## 1. Dezember

Danke, daß dein Lachen mich einlädt, das Leben spielerischer zu nehmen.

## 5. Dezember

Die eine Frau hat nie gelernt, für sich zu weinen. Eine andere hat nie gelernt, für jemand anders zu weinen. Sie lernen voneinander, und ihr Weinen wird leichter, runder.

## 7. Dezember

Wie eine Lebensaufgabe: entdecken, was alles nicht von Gott kommt (wenigstens nicht für mich), von dem gesagt wird, daß es von Gott komme.

Im Gespräch identifiziere ich mich zunehmend mehr mit meinem Gegenüber, als würde ich ihn ins Leben (in mir) sprechen. Ich mache ihn »wirklich« für mich.

## 8. Dezember

Der Wunsch nach einer »kopernikanischen Wende«: *bewußt* in einem Paradies leben zu dürfen.

Er konnte mit Bäumen reden, weil er keine Angst vor ihnen hatte.

Der Sinn will sich nicht zeigen, und ich will ihn nicht herbeitrotzen. Ich mache einen sinn-losen Frieden mit der Welt und merke, daß ich so leben kann.

## 9. Dezember

Wir haben Feindschaften angestiftet, um gewissen Spannungen zu entgehen. So geht mir heute die Feindschaft zwischen Körper und Seele oder zwischen Körper und Geist auf. Das Schlechtmachen des Körpers enthebt uns der Spannung. Die Kriegserklärung enthebt uns der liebevollen Beschäftigung.

## 10. Dezember

Langsam gehen ihm die Visionen aus. Wie Flüsse, die immer flacher werden. Auf ihnen können keine Schiffe mehr ziehen. Und doch gibt er die Hoffnung nicht auf, unter den Flüssen den einen, tiefen zu finden, der in Mäandern durch das Land zieht, um auf ihm das Glück zu erreichen.

## 11. Dezember

Was ihn zerstörte war, daß, wenn er alle Linien seines Lebens auszog, sie alle im Unsichtbaren endeten. Er wollte nicht die Zukunft wissen, darum ging es ihm nicht, aber die Unsichtbarkeit der Linien, dieses Auslaufen, reichte zurück bis in die Gegenwart und entleerte die Gegenwart für ihn. Es war ihm dann, als müsse er sich an einer Wand oder einem Baum festhalten, damit er nicht vor Schwindel umfiele, weil plötzlich nichts mehr fest bestand, nichts mehr in Zeit und Ort verankert war. Und das Verrückte war, daß er nur fähig war, diesen Zustand nach außen mit einer lässigen Überlegenheit zu zeigen. Hätte er von seinem Schwindel reden können, dann hätten andere zu ihm gefunden, dann hätte er entdeckt, daß große Teile der Bevölkerung diesen Schwindel kennen, und er hätte schon in der Anzahl Gleicherlebender, wenigstens auf kurze Zeit, eine gewisse Festigkeit erfahren. So aber fanden andere ihn in Haltungen und Positionen vor, die sie nicht verstanden.

## 12. Dezember

... als würde sich das Angstmachende auf meinem Weg auftürmen.

Du, was kommt denn auf dich zu, was du nicht ansehen willst, weil du Angst hast, du könntest nicht genug Kraft haben, es zu bewältigen? Wenn du es nicht ansiehst, sitzt es dir im Nakken. Eine eiternde Wunde. »Ich werde über das, was mir angst macht, schreiben«, sage ich mir und erlebe so Befreiung.

Die Nacht breitete sich in jede Richtung gleichmäßig schwarz und endlos aus, und wohin er auch ging, blieb er Mittelpunkt dieser Nacht. Er fühlte sich wie der Besucher einer Kunstgalerie, der sich von den gemalten Augen eines barocken Porträts verfolgt fühlt. Es gibt kein Entrinnen. Die Nacht außen ist die Nacht innen.

... und dann fesselt er sie an seine Bilder, gibt ihr Vorstellungen zu essen, kleidet sie in Ideale, führt ihr Ansichten vor ...

Am Ende jeder Begegnung, man weiß es schon am Anfang, es ist immer so gewesen und wird immer so bleiben, steht die Trennung, diese Bewegung, in der die Luft kühler wird (auch wenn man sich Mühe gibt, sie zu erwärmen), die Vögel ziehen wieder zum Süden (es hilft nicht, daß man weiß, daß sie irgendwann wiederkommen, das ist jetzt zu weit in der Zukunft), das Lied geht zu Ende (und man wünschte, fast unbewußt, daß es nicht so melodisch gewesen wäre, weil es dann vielleicht nicht die Tiefe in einem erreicht hätte), und alles Reden über das Loslassen, über die Schmerzen des Wachsens hat mit diesem Erleben nichts zu tun. Das Erleben der Trennung, der sich ständig wiederholenden Trennung, das Leben, das in dem Moment aussieht, als wäre es nur aus Trennungen zusammengesetzt wie Perlen an einer Kette, dieses Trennen sogar von sich selbst, all das ist eine Erfahrung, die sich letztlich doch immer wieder weigert, etwas mit »Sinn« zu tun zu haben. Und doch weiß ich mit der gleichen Ungenauigkeit, mit fehlenden Worten, daß ich die Begegnung mit dir, der du vor mir stehst, nicht schon unter diesem Zeichen sehen darf. Dann würden wir sterben, ehe wir gelebt hätten.

Du setzt dich gemütlich und mit geschlossenen Augen hin. Du machst dich frei, vielleicht bist du auch schon frei. Dann läßt du los, und das Träumen beginnt ganz von selbst. Das ist, wonach du Sehnsucht gehabt hast, und wenn du es dir jetzt nicht gönnen würdest, könnte es sein, daß du dann verzweifeln würdest. »Es ist nicht gut, ohne das Träumen zu leben«, sage ich mir, schließe die Augen und ...

### 13. Dezember

Aufbruch, aufbrechen, in seiner doppelten Bedeutung: etwas aufbrechen, aufmachen mit Zwang, und die andere Bedeutung: losgehen, starten. Als hätte losgehen mit einem Abbruch, Aufbruch zu tun.

Jemand ruhig auf mich zugehen lassen, auch wenn ich merke, daß der Mensch nicht innerlich auf mich zugeht, wenn also die Annäherung mehr Anbiederung ist. Erst danach, nachdem es passiert ist, nachdem er so gewesen ist, wie er war (es ist ja sein Recht), sagen, daß ich spüre, daß ich nicht gemeint bin und daß ich mich darum nicht so verhalten will, als wäre eine Annäherung geschehen.

Manche Fragen kann man nur mit dem Leben beantworten. Eine gesprochene Antwort bedeutet, daß der Beantworter eine andere Frage als die, die gestellt wurde, gehört hat.

### 14. Dezember

In seiner Überlegenheit genießt er es, andern deutlich zu sagen, daß er nichts von dem, was ihnen wichtig ist, braucht. Aber diesen Ausdruck der Überheblichkeit braucht er so bitter. So bitter.

Der ganze Leib der auf meinem Schoß schlafenden Katze scheint zu atmen.

### 15. Dezember

»...dieses Sich-Zurücknehmen, dieses leise Abgewendet-Sein...«, lese ich in einem Roman von Luise Rinser und finde einen tiefen Anklang zu diesen Worten in mir.

Ich spüre, daß das Älter-Werden ein Akzeptieren dessen ist, daß immer weniger beständig ist im Leben; daß die früher gesehene Beständigkeit auf Kurzsichtigkeit beruhte.

Bedingungslosigkeit, Unbedingtheit: Worte wie frische Luft in dem Mief des Relativen.

Wieder ein Tag wie so viele, an dem ich schon fast mit einer Monotonie überlege, was »liebevoll« ganz praktisch in dieser oder jener Situation heißen könnte. Und mit fast gleicher Monotonie finde ich Gründe und Verständnis für zwei, drei oder gar mehrere Antworten.

Wieder ein Ferngespräch aus F., vielleicht das vierte oder fünfte über den ganzen Atlantik und den nordamerikanischen Kontinent, von einem jungen Mann, der lernen will, wie man wirklich zu sich steht. Er meint, er hätte es meinem Journal entnommen, daß ich es könne. Ich weiß nicht, ob ich es kann. Vielleicht kann ich es besser als die Menschen, die er um sich sieht. Ich kann ihn nur darauf verweisen, daß Entscheidungen treffen ihn stärken wird, daß er aufhören muß, sein eigenes Leben aus der Hand zu geben. Sich entscheiden ist besser, als über sich entscheiden zu lassen. Sogar sich falsch entscheiden ist besser, als gar nicht zu entscheiden.

Er zog mit seinem Leben nach innen – wie ein verwundetes Tier sich tiefer in eine Höhle zurückzieht. Dort lebte er fast heimlich. Aber seine Heimlichkeit war nicht die eines Menschen, der sie als Erpressung gebraucht. Seine Heimlichkeit war Verzicht. Er verzichtete sogar darauf, sich selbst mit seinem Absterben zu erpressen.

### 16. Dezember

Ich sage, daß ich nicht mehr kann, blicke mich im Spiegel an und sehe einen, der noch kann. Warum sage ich, daß ich nicht mehr kann? Ist es der zu frühe Selbstschutz des Verwöhnten?

Wieviel darf der Erzähler in einem Roman wissen? Darf er allwissend sein? Wenn ja, wer ist er dann? Den ganzen Tag lang überlege ich, wer meine neue Geschichte erzählen soll, kann, darf.

Traum: Ich wache nach zwanzig Minuten durch einen furchterregenden Traum auf. Ich bin auf einer Landstraße und habe angehalten. Erst bin ich mit jemand, dann allein. Ich spüre einen Vogel, der in meinem Rücken hackt und den oberen Teil des Rückens verwüstet. Ich merke, wie ich fast ohnmächtig werde und mich festhalten muß, um nicht umzufallen. Ich halte mich an einem Postkasten fest, wie ich sie von ländlichen Gegenden in Canada kenne (zum Beispiel: Salt Spring Island). Aber der Vogel hackt weiter. Dann taumle ich weiter und kann nur immer wieder sagen: Herr Jesus, Herr Jesus, Herr Jesus – wie ein letzter, großer Hilfeschrei. Es ist auch ein Versuch, nicht die Besinnung zu verlieren. Dann kommt sofort die nächste Szene. Ich bin wieder mit einem Bekannten. Es ist Nacht. Wir gehen durch eine dunkle Straße. Direkt unter dem Fenster eines Hauses an dieser Straße fallen mir eine Reihe Sachen hin, besonders auch eine Anzahl Tonbandkassetten, die sehr laut fallen. Ich habe Angst, die Leute in dem Haus zu wecken. Aber dann sehe ich, daß in dem Fenster noch Licht ist. Es ist eine Art Kneipe. Ich sammle meine Sachen wieder ein und wache auf.

Ich bin heute vierzig geworden. Ein Alter, das immer nur andere hatten.

Ich muß mich durchringen, mich selbst in meiner Verstimmung nicht festzuhalten – Veränderung zulassen, weil Veränderung eine Manifestation des Lebens ist.

Spät abends bekomme ich noch eine verspätete Geburtstagsüberraschung in der Post. Ein Märchen von einem Mädchen, das Helldunkel heißt und das sich nach Weite sehnt. Ich finde mich in dem Mädchen wieder und erlebe seine Sehnsucht als meine.

»Alles ist möglich« ist auch ein Glaubensbekenntnis an die Kraft der Zeit.

Ich merke, wie wenig wir uns zu sagen haben. Ich nehme es als Tatsache an und will daraus weder Anklage gegen ihn noch Selbstanklage machen. Wir leben in verschiedenen Welten. Das darf so sein.

Das Gespräch mit H. über neue, offene Wege und ihre Entschiedenheit macht mich noch einmal wieder fester.

*19. Dezember*

Ich lese ein Gedicht von Dieter Fringeli und muß lachen wegen seiner Doppeldeutigkeit:

arrest

der pfarrer
schloß mich ein
in sein gebet

wie komme ich da
wieder raus

Laß das, was du nicht bist.

Scharlatane werden immer Nachfolger suchen.

Nur indem er gegen etwas war, hatte er das Empfinden zu existieren.

*20. Dezember*

Nach Tagen, an denen ich mich nicht so recht durchfand, bin ich heute high, high nur am Leben, dieser Stunde, der Musik in meinem Ohr, einzelnen Worten, Briefen, Farben, Hoffnungen, Plänen, Erinnerungen. Diese fast unfaßbare Fülle an Leben, dieser Reichtum meines winzigen Lebens. Und da *weiß* ich, daß es weitergeht von einer Vollkommenheit in die andere – dies hier ist nur ein so kleiner, fast stümperhafter Anfang, aber es geht weiter, weiter.

Um dich steht der Meister. Er hat Meisterhände, Meisterfüße, Meisteraugen, Meisterlippen. Meister der Schöpfung, der nicht aufgab, bis er etwas schuf, was sich über das Geschaffensein hinausentwickelte und so zu einem Gegenüber des Meisters wurde.

*21. Dezember*

wanderung
durch das lichte gehölz
die wimpern schon erfüllt
mit tiefer erwartung

noch tiefer drin
werde ich mich treffen
vielleicht als baum
anemone zwerg
oder als überlebender mensch

Begeisterung, die sich selbst enthauptet.

»Steine trugen die Stille, die er in sich suchte.«

Je tiefer sich etwas in mir ansiedelt, desto weniger muß ich darüber reden. (Manchmal stimmt aber auch das Gegenteil. Vielleicht hat das mit Scheintiefe zu tun.)

*22. Dezember*

Vermeeren, verseen, verflussen, verweihern. Sprache als Spiel.

Jedes gute Buch ist ein Zauberbuch.

Etwas wollen wollen. (Ich zwinge mir Entscheidungen ab, die noch nicht organisch »dran« sind.) Ruhe geben.

Indem er die Leine, an der er sich hielt, ständig länger machte, konnte er sich eine Weile trügen und glauben, daß er frei sei. Aber das Lügen wurde immer mühsamer, weil er doch die Leine durch seine Hände laufen spürte und ständig den Ruck des Endes der Leine erwartete.

Die beiden Kämpfer stehen sich gegenüber. Links die Ahnung, daß alles letztlich tragisch ist, daß also die Tragik (Unvollkommenheit, Leid, Unheil-Sein) der allerletzte Hintergrund ist, auf dem sich alles abspielt. Und rechts der Glaube, der in großer Fähigkeit auch noch im sinnlosesten Leid die Spur findet, die unweigerlich zum Heilsein führt. Da reichen sich die Kämpfer plötzlich die Hände. Jetzt gibt es noch eine dritte Stellung: mein Das-nicht-verstehen-Wollen.

*23. Dezember*

Ich nehme ein Buch nach dem andern zur Hand, blättere fast wie verloren in ihnen, weil ich schon vorher weiß, daß ich das, was ich suche, nicht in ihnen finden werde. Und wieder hat es keinen Namen. Keine Beschreibung erfaßt es so, wie ich es erlebe. Ich lasse meinen Blick treiben, undiszipliniert, programmlos.

Im Fernsehen der englische Anthropologe Ashley Montague in einer Diskussion (über Gott und die Welt) mit Francis Schaeffer, dem Apologeten aus L'Abri. Wie ärmlich sieht für mich Francis Schaeffer aus. Mit jeder Verteidigungsrede wird Gott kleiner. Wie klein muß der Gott doch sein, der so verteidigt werden muß. Im Mittelpunkt stehen die Waffen, die der Apologet gebraucht. Ein Gott der Liebe wird mit Waffen verteidigt. Wie freundlich erscheint dagegen der Gegner, der sich einen wiedergeborenen Agnostiker! nennt und niemand bekehren muß und darum dem andern mit Respekt begegnen kann und Mensch sein darf. Ich werde in den Kampf hineingezogen und wähle die Seite des Agnostikers wegen seines existentiellen Glaubens.

*24. Dezember*

In den USA gibt es 95 Orte, die Salem heißen, 61 Edens, 47 Bethels.

Auch ich will Leben lernen. Ich bin kein Anfänger, aber Lehrling oder Geselle. Ich reise umher und lerne überall etwas dazu. Es gibt wenig Meister. Vielleicht reden die wahren Meister auch wenig, und man geht vielleicht an ihnen vorbei, ohne sie zu erkennen. Aber ich brauche auch nicht unbedingt Meister. Auch von Anfängern kann ich viel lernen – hauptsächlich, wie ich es nicht machen will. Das ist wertvoll. Vielleicht muß man Meister sein, um einen Meister zu erkennen. Vielleicht wächst jeder Meister nur in der Einsamkeit. Aber nicht ganz allein, ich habe einen Verbündeten in mir.

Zu meinem 40. Geburtstag hat W. mir zwei Texte auf eine Karte geschrieben: »Der Herr wird dein ewiges Licht und dein Gott wird dein Glanz sein« (Jesaja 60,19) und »Glaubt an das Licht, solange ihr's habt, damit ihr Kinder des Lichts werdet« (Johannes 12,36). Ein Kind nicht von jemand, nicht Kind eines Gedankens. Kind des Lichts.

Ein ganzes Leben gelebt zwischen Verdrängung und Überkompensierung. Wie ein Pendel schlug ihn das Leben hin und her und her und hin. Er konnte nicht stillstehen, weil er ohnehin schon das Empfinden hatte, hinter sich her zu leben.

### 25. Dezember

»Die Wahrheit ist tot ohne den Weg zur Wahrheit«, lese ich bei Tillich. Alles Fertige ist abgeschlossen. Leben hat mit Kontinuierlichkeit zu tun, mit Werden, mit Entwicklung. Darum ist das Fertige wie ein Verrat am Leben, am Werden.

Ich hole meine alte Ausgabe von Stifters »Studien« hervor. Sie stammt von 1885, und ich habe sie vor fast zwanzig Jahren antiquarisch in Berlin gekauft. Ich blättere in den Erzählungen. Sein vorsichtiger, behutsamer, tastender Stil paßt zum Weihnachtsfest. So etwa der Anfang zu »Brigitta«: »Es gibt oft Dinge und Beziehungen in dem menschlichen Leben, die uns nicht so gleich klar sind, und deren Grund wir nicht in Schnelligkeit hervorzuziehen vermögen. Sie wirken dann meistens mit einem gewissen schönen und sanften Reize des Geheimnisvollen auf unsere Seele.« Ich erinnere mich noch an den tiefen Eindruck, den Stifter vor Jahren auf mich machte. Auch jetzt habe ich noch manchmal eine Art stiftersches Bedürfnis: die Welt zu verlangsamen, Zeit zu haben zum Betrachten, zum Vertiefen, die kleinen Gesten wieder aufzuwerten, die allgegenwärtige Ruhe zu entdecken und aufzunehmen.

### 26. Dezember

»Voller Trauer darüber, daß die Lebensmöglichkeiten längst abgesteckt sind«, lese ich in einer Buchbeschreibung und entdecke in den Worten so etwas wie eine gefährliche Wahrheit, die, wenn ich sie annehme, den abgesteckten Raum noch verkleinert.

W. landet aus Deutschland. Sechs Monate haben wir uns nicht gesehen. Alles ist weitergegangen, aber wir müssen erst feststellen, wie es weitergegangen ist. Immer zum Leben hin. Auch mit allen Umwegen. Wir sprechen von der geistlichen Komponente in der Alternativbewegung.

Nicht mehr zu vergleichen brauchen, ob es bessere oder schlechtere Gedanken gibt.

»... als gäbe es eine Form der Zuneigung, der Zuwendung, die noch niemand bisher leben konnte. Da hinein konnte er sich stürzen. Das konnte in ihm die Energie freisetzen, noch einmal leben zu wollen, abzuwerfen, was ihm als Unmöglichkeit anhing.«

Auch du redest am Telefon von »einer neuen Ebene«, und es hört sich an wie ein abenteuerliches Land, das auf uns wartet.

### 28. Dezember

Ich bin von Bildern umstellt. Drehe ich mich nach links, finde ich ein Bild vor. Vielleicht ist es eine hantierende Frau vor einem Fenster, hinter dem ein endlos scheinender Wald liegt.

Blicke ich nach rechts: Himmel, der Horizont läuft schräg von oben links nach unten rechts. So könnte ich fortfahren. Jede kleine Verschiebung verändert das Bild. Oder immer neue Bilder erscheinen. Die meisten sind still, verändern sich in sich selbst nicht. Jemand hat sie mit viel Sorgfalt aufgestellt.

W. und ich sitzen wieder an unserem Buch. Manche Formulierungen erleben wir als Kompromisse. Eine Hälfte der Aussage würde ich (er) nicht machen. Man kann auch anders formulieren. Die Mühe des Reflektierens wird dadurch gesteigert, daß wir wissen, daß es nicht um das Reflektieren geht.

Ich komme meinem Alter nicht nach. Von Jahr zu Jahr scheint es mehr Vorsprung zu haben. Bald wird in das immer größer werdende Loch zwischen meinem Alter, laut Paß, und meinem empfundenen Alter eine ganze Generation passen. Wie alt bin ich dann? Ich bin zufrieden, mich nicht einzuholen.

Ich habe mir ein Buch bestellt, nur nach dem Titel: Johanna Walser, »Vor dem Leben stehend«, und nach der Umschlagzeichnung, die eine Tür zu einem leeren Zimmer, mit Buntstiften gezeichnet, zeigt. Jetzt habe ich es bekommen. Ich bin meiner Intuition gefolgt, und es war richtig. Ich brauche das Buch.

*29. Dezember*

Eine totale Mondfinsternis. Ich bin aufgeblieben. Ich staune über den Schatten, zu dem auch ich gehöre, den die Erde auf den Mond wirft. Er wandert von einer Seite zur andern, ist nicht aufzuhalten.

Er wußte nicht, was er wollte, weil er sich selbst gegenüber schon zu lange verpflichtet hatte. Sich selbst beim Wort zu nehmen, ohne sich zu verpflichten, getraute er sich nicht.

Mein Mund macht das schon ganz allein. Ich brauche nur von ferne zu hören, um die Kommas und Punkte richtig zu setzen. Aber was soll das?

Ich merke, wie ich um H. werbe, ihm irgendwie vermitteln möchte, daß es eigentlich nur nach vorne weitergeht. Und ich spüre, daß er merkt, wie ich es meine. Langsam läßt er ein Stück seiner Verteidigung los.

### 30. Dezember

In mir sind ganze Verliese mit gespeicherten Bildern, Leitbildern, die sich nicht leicht abschütteln lassen. Sie sind Stehaufmännchen. Stößt man sie um, schnellen sie wieder hoch. Sie sind unten beschwert, darum werden sie immer wieder aufrecht stehen. Ich muß ihnen ihre Beschwerung nehmen. Indem ich mich lange nach ihnen gerichtet habe, habe ich ihnen ihre Schwere gegeben. Mich nicht mehr nach ihnen zu richten wird ihnen ihre Schwere nehmen. Ich merke, daß manche schon kaum noch hochkommen.

Was könnte sein, wenn wir uns noch tiefer begegnen würden und die Begegnung aushalten würden und aus der Tiefe leben, ohne uns aus Angst zurückzunehmen? Könnten wir dann in den andern Raum vorstoßen, der schon bereit für uns ist, den wir mit unserer Sehnsucht schon bereitet haben?

### 31. Dezember

Jetzt stehen wir auf den Tagen des letzten Jahres wie auf den Schultern eines Menschen. Manche Tage sind hart, fest, andere weich, nachgiebig, formlos gewesen. Ich stehe auf allen und spiegele sie alle irgendwie wider. Siehst du meine festen und meine formlosen Seiten?

»Nichts konnte seine Konzentration halten. Für seine Augen gab es nur das Zwischen-den-Dingen, nicht die Dinge selbst. Seine Gedanken schwammen zwischen den Fremdkörpern, die ihn umgaben. Seine Hände waren flüchtig. Woher, wohin, wovor sie flohen war nicht deutlich.«

... um mich die Nachthaut, mir zugewandt, wie die Gebärmutter dem werdenen Kind ...

...in dem Moment hörten die Handlungen der Liebe in ihm auf, und er fiel zurück in die Gleichgültigkeit.

*1. Januar 1983*

Enthauptung ist keine Lösung für Kopfschmerzen.

Die dichterische Sprache der Träume, die dichte Sprache der Träume. Wir haben heute ein Traumseminar mit W. gemacht und wieder einmal über unseren inneren Reichtum gestaunt.

Sehnsucht nach Worten, die mich befreien, Zauberworte, öffnende Worte, aber in einer anderen Sprache.

Mein erstes Gedicht dieses Jahr ist ein englisches:

I try to follow
the strength of my yearning
and turn into a blade of grass.
I grow wings
and lift off like an eagle
(I remember the high sound
of air through slowly heaving wings.)
I turn into a treetrunk,
a profusion of branches and leaves
that fill the void
forever.

I celebrate
the shape and shadow of life
from root to crown
and inhabit my yearning,
creating world upon world.

God is sometimes in a tree
that creates us.

Ich versuche
der Stärke meiner Sehnsucht zu folgen
und verwandle mich in einen Grashalm.

Mir wachsen Flügel,
und ich steige auf wie ein Adler
(ich erinnere mich noch an den hohen Ton
von Luft durch schwerschlagende Flügel).
Ich werde ein Baumstamm
in der Verschwendung von Ästen und Blättern,
die die Leere füllen
auf ewig.

Ich feiere
die Form und den Schatten des Lebens,
von der Wurzel bis zur Krone,
ich bewohne meine Sehnsucht
und erschaffe Welt um Welt.

Manchmal ist Gott ein Baum,
der uns erschafft.

*2. Januar*

Was ist lebenfördernd? Keine Frage stelle ich mir so oft wie diese. Wirklich lebenfördernd? Ja, wirklich. Frag dich noch mal, noch mal.

Ich *halte* dich in Erinnerung, aber du schwebst, ich mache dich schnell zu einem Vogel, du sollst weiterschweben.

Nichts habe ich so nötig als zu glauben, daß es Veränderung geben kann, Veränderung von Menschen, daß sie sogar wie im Rösselsprung passieren kann. Ich muß glauben, ich will glauben, daß das Unerwartete möglich ist. Das erst ist Glaube.

Wenn ich dich trage, trage ich mich. Was ich an dir nicht verstehe, ist, was ich in mir brauche. Es ist eine verlorengegangene Möglichkeit in mir, ob »negativ« oder »positiv«. Du hättest ich sein können und ich du. Darum trägst du dich, wenn du mich trägst.

### 3. Januar

Abgrenzung, das Thema, das immer wiederkehrt. Wie nötig ist es, ein echtes Bedürfnis nach Abgrenzung zu haben, und wie nötig, dem dann nachzugehen. Aber richtig verstehen werden wir es erst dann, wenn wir Abgrenzung nicht als Endziel, sondern als Stufe zu echter Kommunikation sehen.

Fast alles, was bisher geleistet wurde, konnten einzelne in großem Kraftaufwand leisten. Manchmal waren es auch viele, die es schafften, aber sie standen unter der Leitung eines einzelnen. Das Zeitalter der einzelnen Kraftaufwände geht zu Ende. Das Wertvolle, das wir in den achtziger und neunziger Jahren brauchen, ist das, was zwischen Menschen geschieht. »Zwischen« gibt es nur bei zweien, und doch muß es, um ein »zwischen« zu geben, zwei einzelne, getrennte geben. Bei etwas Verschmolzenem gibt es kein »zwischen«.

Ein Buch über Sehnsucht schreiben. Bilder von Flachlandschaften, die einen in sich hineinziehen, als wollten sie einen »heimholen«. Titel: Ich suche ein Zuhause.

### 4. Januar

»Ich will dich lieben«, sagt W. zu mir, und ich erwidere, daß das auch ein ganz tiefer Wunsch in mir ist. Das ist immer wieder ein Anfang und viel mehr. Vielleicht ist es nötig, in solch einfachen Worten zu sprechen und einander zu glauben.

Ich will Wege finden, ich selbst zu sein, Wege, die ich bisher noch nicht versucht habe. Ich bin auch die neuen Wege, und vielleicht wird es leichter sein, zu mir zu stehen, ohne jemand anders dadurch zu verunsichern. Erfinderisch sein im Verwirklichen.

### 5. Januar

Pflichten wie ein Glück erleben lernen. Sie nicht mehr als Last erleben, indem ich sie von innen heraus verändere, nicht durch Erfüllen oder Abwehren.

Könnte in einem Menschen nicht das Ansehen eines Fotos etwas heilen und bei einem anderen durch ein Foto etwas aufbrechen, was aufbrechen sollte zur Heilung? Solche Fotos will ich machen.

*6. Januar*

Er rächt sich, indem er sehr korrekt wird. Das ist seine Form von Liebesentzug.

... meine Stimme mehr besitzen, damit ich sie verschenken kann.

*7. Januar*

Bei Rilke lese ich das schöne Wort »verflüstert«.

Seit Tagen stehen Träume mehr in der Mitte unseres Lebens als fast alles andere.

Ich könnte einfach auf das zugehen, was ich mir wünsche. Aber es würde sich zurückziehen. Wünsche erfüllen sich, indem ich die Zustände »herbeisehne«. Ich ahne, daß ich die Verwirklichung »anziehen« muß, so als würde ich telekinetisch mit meiner mich umgebenden Wirklichkeit umgehen.

S. schenkt mir Luise Rinsers neues Buch »Winterfrühling«. Ich beginne zu blättern und kann nicht aufhören. Es ist nicht unbedingt, weil sie so spannend schreibt, sondern weil das Leben selbst so voll ist.

*8. Januar*

Einige Stunden lang haben wir in einem kleinen Kreis drei Träume von Anwesenden durchgearbeitet. Unendliche Räume tun sich auf. Autos, Bücher, Badewannen, Kaffeetische, Badeanzüge sprechen eine beredte Sprache. Vorsichtig tasten wir uns an tiefere Bedeutungen heran. Manchmal stehen wir ganz nah am Leben. Die Worte im Raum könnten sich verwandeln und zu den Dingen werden, die sie beschreiben. Und die Dinge könnten zu Haltungen werden. Wir spüren uns verbunden durch die Unendlichkeit der menschlichen Seele und mit dem endlosen Gott, der sie anzieht und heilen will.

Gott, du zündest die Lichter an. Du zündest uns an.

Auch er hat neben seinem Beruf noch einen: Ernüchterer.

Die Schritte, die du auf mich zu machst, habe ich auch schon gemacht. So, wie du mir begegnest, bin ich mir auch schon begegnet.

*9. Januar*

Reagiere ich mit meinem inneren Abwenden auf das, was mich nicht trifft, damit ich das, was mir etwas zu sagen hätte, nicht ernst zu nehmen brauche?

Beim Arbeiten an einem Sachbuch habe ich das Bedürfnis, in Erfundenes zu fliehen, weil es wirklicher ist. Hat es damit zu tun, daß ich mehr über das Leben als über das Denken weiß?

trauen ohne Kraftaufwand

Ich will lernen, auch an Ausnahmen zu glauben.

Wieder einmal formuliere ich, was ich nicht mehr will, in einem langen Telefonat, auf eine Einladung hin. Manche Menschen erleben meine mir selbst freiwillig auferlegte Begrenzung als eine Form von Hochmut. Es scheint, als dürfe man sich selbst für Gewisses nicht zu schade halten. Die gleichen Menschen pflegen sich selbst aber sehr, lassen sich das Gute etwas kosten. Und alles, was ich will, ist, meine Zeit nicht mehr mit Diskussionen zu verschwenden, mit Reden, das keiner wirklich hören will, und mit Worten, die keiner brennt zu sagen. Komm, geben wir den Zirkus auf und verfolgen wir, was uns wirklich angeht. Laß die andern uns hochmütig nennen.

psychologische Ein-Sichten, Ein-Fühlungen, Ein-Hörungen

Deine Stimme war heute stark. Du warst in ihr. Dein Leben gehörte dir. Ich begrüße dich in dir. Ich habe gewußt, daß du nach Hause kommen wirst. Und mehr und mehr wirst du in deiner Wohnung wohnen.

H.-J. schickt mir eine Postkarte von Gottfried Helnwein »Der Stern« und schreibt dazu: »Sie drückt eine Einsamkeit aus, die gefüllt ist mit einem *bestrahlt werden.* Diese Welt wünsche ich dir nachts bei deinem Schreiben!!!« Anderswo in seinem Brief schreibt er von »Sehnsuchtsvibrationen«. So ist es Novalis gegangen, vielleicht auch Tieck und Wackenroder sicherlich. Vielleicht sogar dem jungen Goethe (ehe er klassisch wurde), und wir lesen ihre Sachen wie »Literatur«, losgelöst vom Leben. Wackenroder starb mit 25, Novalis mit 29. Sie hatten nicht Zeit zu verstauben.

»Er geht immer auf seine Vergangenheit zu. Das ist seine Sicherheit vor der Gegenwart.«

*11. Januar*

Er läßt keine Geheimnisse bestehen. Sie könnten Macht über ihn gewinnen. So hat das Alles-aufbrechen-Wollen Macht über ihn gewonnen.

Das größere Erkennen liegt im Loslassen. Loslassen ist Erkennen.

Diese Peinlichkeit führt mich zum Ärger, und der Ärger befreit mich aus der Verkrampftheit.

In diesen Tagen habe ich oft das Bedürfnis, mit Mozart, unserem jungen Kater, zu reden, wenn er so schnurrend auf meinem Schreibtisch einschläft. Manchmal sehe ich ihm tief in die Augen, diese Katzenaugen, die ich nicht deuten kann wie Menschenaugen, und sage mir: Irgendwie muß es doch eine Möglichkeit geben, zu wissen, was in ihm vorgeht. Ich kann mir dann vorstellen, daß er doch irgendwann ein paar Worte sagen wird.

Ich übe mich darin, einigem, was in den letzten Jahren in meinem Leben passiert ist, andere Deutungen, andere Erklärungen zu geben. So entkomme ich der ständigen Wiederholung gewisser Gedankenabläufe.

*12. Januar*

Das Risiko zu sprechen eingehen. Wir dürfen nicht aufhören, diesen Dialog zu führen, wenn nötig ganz still und tief in uns. Immer wieder will ich deine Worte wichtiger nehmen als meine Deutungen, Vermutungen und Gefühle. Ich will wenigstens glauben, daß du dir glaubst. Ich will vertrauen.

Immer wieder die Frage: Was ist denn wirklich anziehend an einem anderen Menschen? Die Antwort, die mir am häufigsten kommt: der Lebenswille. Besonders wenn der Lebenswille sich so ausdrückt, wie ich es verstehen kann. Der Lebenswille ist etwas Erotisches.

»Erst mußte er sich selbst erpressen, um eine gewisse Haltung anzunehmen, und dann konnte er mit dieser Haltung andere erpressen.«

Es geht da eigentlich nicht weiter. Das weißt du. Dieses Wissen mußt du bekunden, indem du laut sagst: Da ist keine Tür, da ist nur eine Wand. Du mußt deine Erfahrung ernst nehmen. Erst wenn du das tust, siehst du die Tür.

Neben ihr flammte der Abgrund auf. Das hatte mit der untergehenden Sonne in ihr zu tun.

Sie spürte ihre Entwürdigung, weil die Entwürdigung von außen über die Jahre zu ihrer Haltung ihr selbst gegenüber geworden war. Es mußte gar nicht erst etwas tief Entwürdigendes passieren – sie spürte die Entwürdigung schon viel eher in sich wachsen. Der fortgeschrittene Alkoholiker braucht nicht viel zu trinken, um betrunken zu sein. Wenn wir einander mit Liebe auffüllen würden, könnten wir nie weit aus dem Tragenden der Liebe herausfallen. Schon eine kleine Tat der Liebe würde uns wieder deutlich fühlbar, erkennbar machen, daß wir Geliebte sind. Also: die Entwürdigung abbauen und die Liebe aufbauen und sie »voll« halten.

Was du schon mal warst, kannst du wieder werden. Beim zweiten Mal gelingt es dir noch besser, weil du schon Übung hast. Du warst doch mal ein Liebender!

### 14. Januar

Alles kreist. Am schwersten ist es, die Möglichkeiten zu sehen, sie aber nicht verwirklichen zu können, weil es in diesem Fall zwei dazu benötigt. Und doch will ich warten, keinen Druck ausüben.

Ein Tag voll von Mich-verletzbar-Machen und *darum* einige Minuten (und danach einige Stunden), die fast unerträglich werden.

Fast alles an dem neuen Buch »hoffnungsvoll leben« ist fertig. Morgen fliegt W. wieder zurück nach Deutschland.

### 15. Januar

Wenn der Zerstörer etwas Großes zerstört, erlebt er sich größer als das Große. Zerstörung als Größenwahn.

Ich kaufe mir eine 400seitige Sammlung von Anne Sextons Briefen (amerikanische Lyrikerin) und werde in ihr Leben hineingezogen, dieses intensive Leben, das mit Suizid endete.

Meinen Teil finden. Ihn tragen als Blume und Gewicht. Immer als beides. Ehrlich sein.

### 16. Januar

Ich gewinne mir diese Inseln aus dem Einerlei. Sekunden, wenn ich Glück habe sogar Minuten, in denen der Moment sich behaupten kann und doch die Verbindung mit dem Übergeordneten, den großen Zügen, nicht verlorengeht. Diese Inseln sind ein Gefühl, nicht so sehr ein Wissen. Musik löst sie aus, kartographiert sie.

Wir haben uns darüber unterhalten, daß der Körper sein eigenes Bewußtsein hat, daß das Bewußtsein nicht immer mit Bewußt-Werden zu tun hat, weil wir Wissen als etwas Rationales verstehen. Der Körper weiß etwas, reagiert darauf, richtet sich danach ein, handelt usw., ohne daß wir etwas davon wissen.

### 17. Januar

Wir wiederholen uns zu oft. Gerade durch die negativen Wiederholungen: das Aufgeben in einem Gespräch, das Sich-Verhärten, das Abschalten oder das ängstliche Nachgeben. Wir müssen lernen, das Drehbuch in uns zu durchbrechen, weil wir ihm mit jeder Wiederholung mehr glauben.

Heute ist alles Warten, aber ein graues Warten, als warte ich in eine Leere hinein, aus der nichts kommen wird.

»Ihre Augen waren so stark auf ihren Weg gerichtet, und dieser war dadurch so stark in ihr, daß sie nicht wußte, was sie eigentlich wollte. Die Frage kam ihr nicht einmal.«

fähig, menschen-loser zu leben

»...als käme er jetzt in ein scheidungsfähiges Alter, wie er früher in ein heiratsfähiges Alter gekommen war...«

### 18. Januar

Ist es möglich, mich mißbrauchen zu lassen und dabei mich selbst zu finden? Neuer, tiefer als zuvor?

Ich habe Angst vor Gelassenheit. Als würde ich mir selbst nicht glauben und trauen können, wenn ich nichts täte.

Er fragt viele um Rat und tut am Ende das, was er vorher schon tun wollte. Nur hat er das Empfinden, jetzt stärker zu sein, weil er es »gegen« den Rat der andern tut.

Die laute Stimme wird am ehesten von einer anderen lauten Stimmen *gehört*. Die andern empfinden sie nur als Störung.

Deine Liebe drückt sich im Vertrauen aus, nicht nur in Begegnungen und Worten. Vertrauen ist Loslassen.

ich könnte auf dich zugehen
die welt rund denken
fliegen heilen hoffen
aber wer könnte unsere leichtigkeit aushalten?

macht uns nicht gerade
unsere schwere glaubwürdig?
und wächst nicht hoffnung
gerade in der dunkelheit?

Ich wünsche dir heute Flügel. Es gibt keinen Tag, an dem du sie nicht brauchst. Doch brauche sie spärlich. Sonst kann man dir nicht glauben.

Ich wende mich nicht ab. Das ist heute der tiefste Glaube.

### 19. Januar

Neu, wieder einmal ganz neu, fällt es mir eben ein, daß so, wie es ist, so ist es. Ich kann es ohne Fatalismus sagen. Ich kann mich sogar etwas hineingeben. Ob ich dazu wohl fähiger werde mit zunehmendem Alter? Hineingeben, aber nicht aufgeben.

Ich habe den 400seitigen Roman »The Clowns of God« von Morris West (Die Gaukler Gottes) in drei Tagen ausgelesen. Die Gedanken sind interessant, aber der saloppe »amerikanische« Stil nimmt sogar den ganz großen Fragen ihre Tiefe und Brisanz.

In der Tiefe leben. Mir kommt das Bild des Stroms, an dessen Oberfläche sich kaum etwas tut – der nur stark und beständig fließt. Ich will nicht mehr beteuern, versichern, mich beweisen, beeindrucken und überzeugen – nur noch fließen, wie aus einer anderen Welt in eine andere Welt, mitten durch diese Welt.

Wie manche Menschen, durch die Gegenwart anderer, nahbarer werden! Jedes Unter-andern-Sein verändert. Bringt es das Echtere (die Sehnsucht) heraus, oder wird das Echte (auch die Sehnsucht) vorübergehend verdeckt?

1000 Schreibtische, an denen 1000 Schriftsteller an 1000 Romanen schreiben. Was für ein Bild von Eifrigkeit!

Sie hat sich in den Pfad ihres eigenen organischen Wachstums hineingefunden. Der Pfad war zugewachsen, aber doch noch da. Jetzt geht sie auf ihm, und alle Wege führen übers Warten zum Ziel.

Fast alles kategorisieren und gruppieren wir. Wir nehmen es nicht einzeln auf, weil es zuviel wäre. So reagieren wir auf Gesammeltes: auf einen Typ Mensch, auf eine Art zu reden, auf einen gewissen Stil, auf jemand, der so aussieht wie ... Dadurch hört der einzelne fast auf zu sein.

### 20. Januar

Von allen Seiten schien ihm das Leben anzudeuten, daß sein Leben vorbei sei. Es war immer wieder ein Aufraffen, doch noch zu leben.

Thomas Tallis »Spem in alium« auf meinem Kassettenrecorder, ich lese den schwedischen Roman »Der Tod eines Bienenzüchters« von Lars Gustafsson, esse ein Stück übriggebliebenen Weihnachtsstollen und trinke einen Kaffee dazu (aus einer schönen Keramiktasse, letzten Sommer auf Salt Spring Island gekauft, am Griff eine besonders geformte Stelle für den Daumen). Der Himmel ist grau verhangen. Es ist ganz still im Haus. Ich höre den Rhythmus. Mir ist, als lebe ich stifterisch. Ich glaube, manche würden dies als fast dekadent bürgerlich empfinden, aber sie stören mich nicht, jetzt wenigstens nicht. Ich will ihnen auch nicht das Gegenteil beweisen.

Ich habe einen Brief an P. geschrieben, auf ihr Angebot, ihre Ferienwohnung auf Ibiza zu benutzen. Ich träume davon, mich dorthin zurückzuziehen, um dort einen Roman zu schreiben. Die Vorfreude ist etwas Kostbares.

Er sah eine ganze Reihe Alternativen vor sich. Aber jede Alternative war ein Kompromiß. Darum konnte er sich nicht entscheiden und ließ alles an sich geschehen. Erst leuchtete dann gerade deswegen das Unerreichbare (was er nicht zu den wirklichen Alternativen zählte) so zauberhaft auf, aber langsam verlor sich dieses Leuchten, und an seine Stelle trat eine dunkle Resignation, aus der er nicht mehr herausfand. Er versank in ihr.

Vorgestern morgen hat im Nachbarort ein 22jähriger Mann sechs Mitglieder seiner Familie scheinbar ganz grundlos ermordet. Er hat dazu ein Gewehr und einen Hammer gebraucht. Es hatte in der Familie keine sonderlichen Schwierigkeiten gegeben. Der junge Mann, Bruce Blackman, war gerade im Begriff gewesen, einen Fortbildungskurs als Schweißer zu machen. Er hatte die letzten zwei Jahre mit einem anderen jungen Mann eine Wohnung geteilt. Dieser andere hatte nie etwas Ungewöhnliches an ihm festgestellt. Alles scheint so ungeheuer normal. Man wird ihn jetzt die nächsten dreißig Tage einer psychiatrischen Untersuchung unterziehen. Man wird einen Grund finden müssen, warum er unzurechnungsfähig gewesen ist. Man wird nicht glauben wollen, daß es möglich ist, daß in einem Menschen ganz plötzlich, ohne Grund, ein schrecklicher Giftpilz aufschießen und seine unmittelbare Umwelt vernichten kann. Das ist nicht normal. Nicht normal ist, was uns gefährdet. Und Bruce Blackman wird weder sich selbst noch die Psychiater verstehen und am Ende das glauben, was am leichtesten ist. Die Dunkelheit wird alles erklärend zudecken.


*21. Januar*

Manchmal ist es schön, zu reden, ohne es zu merken, dem Redenden zuzuhören und erst später festzustellen, daß man es selbst gewesen ist. Frei sein, sich selbst zu vergessen.

Hast du daran gedacht, daß er vielleicht nur dich sprechen will? Schon seit langem? Aber er nimmt sich alle zurechtgelegten Worte und traut sich nicht. Er *denkt* nur, daß er reden will.

Er bewegte seinen Körper so, als wolle er von allen nur Mitleid, aber keine Liebe haben. Die Zuwendung in Liebe verhinderte er, indem er allen Bewegungen etwas Kitschiges beigab.

Wir haben acht Stunden über den ersten Zeichnungen für unser neues Haus gesessen. Wieder diese Unsicherheit, was wohl am besten ist. Schon in den Hausplänen muß irgendwie an die Erweiterung der Persönlichkeit gedacht werden. Wieviel Trennung, wieviel Gemeinsamkeit, wieviel Geborgenheit, wieviel Offenheit will ich jetzt und in fünf Jahren leben?

*22. Januar*

Ein langes Nachtgespräch mit C. Ihm wird die Komplexität seiner Persönlichkeit mehr und mehr *bewußt*. Vorher hat er diese Komplexität nur erlebt. Wir sprechen durch, was ihn wohl geformt haben mag. Ich erinnere mich an sein frühes Leiden. Er war damals zehn und litt an der Not der Welt, Umweltfragen, potentieller Nuklearkrieg. Er kann sich kaum noch daran erinnern. Er hat es sich all die Jahre nicht leisten können. Es hätte ihm seine nötige Geborgenheit genommen. Ich bin froh über unser Gespräch. Um halb fünf Uhr morgens sagt er, daß er das Gespräch nur ungern unterbricht. Aber wir machen irgendwann weiter.

*23. Januar*

Was alles zwischen dem Ende eines und dem Anfang eines anderen Satzes passiert! All die Geschehnisse zwischen Sätzen nehmen und aneinanderreihen: vielleicht wäre das die eigentliche Sprache.

Immer wieder suchen wir nach einer Regel, die uns beim Ordnen des Universums hilft. Darum geht es uns gar nicht um die Ordnung, sondern um die eigene Schuldlosigkeit. Ein jeder will mit Überzeugung sagen können: Ich habe mein Bestes getan.

Ich erlebe eine große Enttäuschung so, als würde sie jemand anders passieren und nicht mir. Ich bin außerhalb.

abgeflachte Gefühle (»flattened emotions«)

Ich erhole mich von einem Schlag und merke, wie ich zeitweilig die Sicht für Gewisses verloren hatte, es aber nicht gemerkt habe.

Bei Mario Hene höre ich: »... doch irgendwer fängt irgendwann mit kleinen Forderungen an. Dann ist mit der Liebe Schluß. Gemeinsamkeit wird nur zerstört, wenn einer glaubt, daß ihm der andere gehört.«

Die hellen Momente sind so kurz gegen die zähfließende Zeit, die versucht, sie auszulöschen. Aber es gibt auch Momente, gegen die keine Zeit etwas tun kann.

Worte können etwas Lächerliches an sich haben, wenn sie nicht zu jemand gehören.

Etwas in mir verlangt, daß ich etwas tue. Gegen das Verlangen wehre ich mich.

Heute habe ich W. gesagt, daß ich mir vorstellen könnte, mein Leben als Eremit zu beenden. Es war in einem Moment, wo ich den Kraftaufwand, zum andern zu gelangen, zu anstrengend fand.

Meine Freunde kennen meistens den am besten, der ich war. So passiert es, daß sie mich nicht anreden, wenn sie mit mir sprechen.

die Kunst, auf eine Frage zu antworten, deren Antwort für den Frager schon feststeht (oder nicht antworten)

der Mut zu lügen, um damit eine Frage wirklich ehrlich zu beantworten

»Immer noch einmal griff sie tief in sich und *schöpfte* Mut. Es war, als gäbe es da einen vollen Brunnen, in den sie ihr Maß tauchte, und so konnte sie sich in großer Lebendigkeit bewegen. Dieses Leben-Wollen war ein geistlicher Wunsch, und Gott war der Brunnen in ihr. Aber die Einfachheit dieser Handlung und dieses Glaubens fiel ihr manchmal schwer anzunehmen.«

Durch eine Frage ließ er sich verführen, mehr zu sagen, als er durchdacht hatte.

Ich merke, wie schon kurz nach dem Aufwachen der Prozeß der Verkrampfung wieder einsetzt, als müßte ich mich gegen das Leben verteidigen.

Ich will aus den Ahnungen eine zusammenhängende Schau machen. Die rationalen Systeme töten die geahnten Systeme. Ahnungen sind wie der Hauch, der allem unterlegt ist. Vielleicht ist es der Atem Gottes.

## 27. Januar

Ich höre Lieder von Patti Smith und bin von ihrem Leid und ihrer Sehnsucht berührt. Manche Christen würden ihre Texte als blasphemisch empfinden. Ich aber sehe gerade in ihrer Intensität ihre Suche. Der verzweifelte Fluch Gott gegenüber ist dann Gebet. Das oberflächlich und lässig formulierte Gebet ist dann der eigentliche Fluch, die wahre Blasphemie.

## 28. Januar

Ich übe mich, alle Tätigkeiten, die ich um mich herum sehe, als einen Versuch des Heilwerdens zu sehen. Selbst destruktive Handlungen sind wie ein letzter Aufschrei nach Heilheit, wie eine Erpressung dem Leben gegenüber.

Deutlich sehe ich: Der Weg in die Unabhängigkeit führt durch Abhängigkeiten, die, wenn sie »richtig« erlebt werden, den Menschen befähigen, unabhängiger zu werden.

### 29. Januar

Ich will lernen, nicht mehr die Fragen zu beantworten, die nur mit dem Kopf gefragt werden und wo der Frager gar nicht vorhat, die Antworten zu leben, auch wenn sie ihm gut erscheinen. Alle Fragen müssen letztlich immer die eine Frage sein: »Wie kann ich leben?«

»Es ging ihm unter die Haut!« Also ins Blut.

### 30. Januar

Ich habe nicht das Recht, gewisse Worte zu gebrauchen. Ich habe nicht genug gelitten. Es ist eine Respektlosigkeit denen gegenüber, die diese Worte gefüllt gebrauchen.

Zum tausendsten Mal die Frage: Gibt es überhaupt ein »wir«?

Er erfindet seine eigene Sprache. Er füllt die Worte mit seiner Bedeutung. Aber für wen ist die Sprache? Vielleicht geht es dem Sprechenden in erster Linie um die Selbstberuhigung, die er erlebt, wenn er Worte für innere Zustände und Zusammenhänge gefunden hat. Dann wäre ja alles Selbstgespräch! Vielleicht. Und doch ist es wichtig, daß wir unsere Selbstgespräche miteinander vergleichen.

### 31. Januar

Kulturträger: Ob er gebraucht, was er trägt, ist nicht festzustellen.

Ich mache eine abwehrende Bewegung dir gegenüber, aber ganz weit innen. Ich habe es nicht gemerkt. Du hast es auch nicht gemerkt, aber reagierst darauf. Wir lächeln beide. Da, dann erkennen wir beide, was passiert ist. Dann lächeln wir noch einmal, um es wieder loszukriegen, und schon sind wir wieder unwissend wie zuvor. (Doch nicht ganz wie zuvor.)

nicht durchschauen, nicht *durch*schauen, sondern liebend *hinein*schauen, *mit*schauen

65

Entwicklung:
1. Ich muß der Welt etwas geben.
2. Ich habe der Welt etwas zu geben.
3. Ich will der Welt etwas geben.
4. Ich bin mir nicht ganz klar, was ich der Welt geben will.
5. Ich will der Welt nichts geben.
6. Wie konnte ich nur denken, daß ich der Welt etwas geben könnte?
7. Ich denke nicht darüber nach, was ich der Welt geben könnte oder nicht.

### 1. Februar

Das Einteilen meines Lebens in Tage ist etwas Gewolltes. Schon nach zwei Tagen verschmelzen die Eindrücke der verschiedenen Tage zu *einer* Vergangenheit.

### 2. Februar

Traumauslösendes (in Worten, Tönen, Lichtverhältnissen)

Man kann in Momenten warten oder in Jahren. Wenn man in Momenten wartet, wartet man »kleiner«, aber »häufiger«. Manchmal kommen die Jahre aber in den Momenten zusammen. Epiphanien.

Wenn ich mich nicht selbst würdige, spüre ich die Würdigung anderer auch nicht, wenigstens nicht bewußt. Gerade diese Handlung anderer bedarf eines Korrelats in mir, um sie wahrzunehmen.

Er liebte sich nicht genug, um in Erscheinung zu treten. Er trat erst in Erscheinung, wenn jemand anders daran zweifelte, daß er ein eigener Mensch war. So hatte man das Empfinden, als läge seine »Präsenz« nur in seiner Verteidigung. Er wurde erst »wer«, wenn er sich verteidigte. Er existierte nur »gegen« etwas. »Aber« war darum sein Motto.

Ich spüre Ärger in mir über Menschen, die selbst kaum etwas initiieren, aber sehr gut im Kritisieren sind. Dieses Mitschwimmen, aber doch nicht mitschwimmen, dieses »tun als ob«, dieses Unterminieren durch Initiativlosigkeit.

M. sagte mir, daß ich anders wäre als früher. Ich weiß. Ich erlebe mich bedingungsloser, zielstrebiger. Vielleicht ist auch nur der Ausdruck ein anderer geworden: Ich gehe jetzt manches durch Nichtstun an. Ich hoffe, daß es ein gefülltes Nichtstun ist und nicht nur Faulheit.

»Nicht reden« ist sein Motto. Der Konfrontation aus dem Wege gehen. So kann er an seinen Mut glauben, weil er seine Angst nicht erlebt.

### 4. Februar

Man kann immer noch hoffen und die Ausdrücke der Hoffnung verändern. Ist etwas zu Ende, wenn noch Hoffnung da ist? Lazarus und seine Schwestern.

C. deutet an, daß ihm etwas fehlt. Er leidet an einer Leere, aber er will doch nicht aufgeben, das zu glauben, was ihn nicht zur Erfüllung kommen läßt. Die Hartnäckigkeit gewisser Grundsätze, die das Leben töten, auch wenn sie zur Erhaltung des Lebens aufgestellt wurden.

### 5. Februar

Daß ich dir Geschenke machen will, hilft mir zu glauben, daß ich fähig bin zu lieben.

Er genas von dieser Krankheit, um sich einer neuen Krankheit zuwenden zu können.

Durch sein Fragen-Stellen erhoffte er sich, einen moralischen Vorteil zu erreichen. Der Fragesteller nutzt seine Unwissenheit aus, um überlegen zu werden. »Immerhin habe ich dich doch gefragt!«

*6. Februar*

Der Tag geht zu Ende. Alles will aufhören: das Licht, die Worte, die Tätigkeiten, die Gedanken. Hier wird das letzte Spiel gespielt. Dort wird zum letztenmal gehofft. Ein Hund legt sich auf seine Vorderpfoten und schläft ein. Wenn das alles geschieht, tut sich in mir eine andere Welt auf. Es ist dann, als zeige sich die Rückseite des Lebens wie ein scheues Tier, das erst zum Abend schüchtern hervorkommt. Diese Welt ist durch Zartheit und Verletzbarkeit charakterisiert.

»Die Leere ist Bereitschaft für etwas. Das Fehlende weist auf ein zu Ergänzendes hin«, lese ich bei Paul Schütz (Das Wagnis des Menschen). Das glauben können, gerade wenn die Unmöglichkeit zuschlägt.

*7. Februar*

Die ganze Woche lang läuft der neue 18stündige amerikanische Fernsehfilm »The Winds of War«, ein richtiger Blockbuster. Das Erfolgsrezept: ein wenig Hitler, einige Liebesgeschichten, Brutalität, viel Lässigkeit, auch wenn echtes Engagement besser passen würde. Und natürlich viel Ali McGraw mit ihrer ausdruckslosen Schönheit. Aber »Holocaust« war ein Erfolg (auch mit der Hundefutterreklame zwischendrin), und warum denn nicht weitermachen? Ich sehe nicht lange zu. Es ist, als wenn das ganze Menschsein lächerlich gemacht würde, und der Regisseur und die Schauspieler merken es nicht einmal.

*8. Februar*

Er lernte, sich vom Leben zu lösen. Eine tägliche Übung. Sie gelang ihm an guten Tagen am besten. Vielleicht weil er dann das Empfinden hatte, weniger zu verpassen, weil er schon das Schöne erlebte.

groteske Ernsthaftigkeit

Wenn sie gegangen war, blieb nichts von ihr zurück. Kaum Erinnerungen. Andere dagegen werden gerade durch ihre Abwesenheit anwesend. Ihre Abwesenheit beflügelt die Phantasie der Zurückgebliebenen.

Die Angst davor, daß ein Gefühl nachlassen könnte. Schuldgefühle. Diese Schuldgefühle sorgen wie von selbst dafür, daß das Gefühl nachläßt. Die Angst sorgt für ihre Bestätigung.

### 9. Februar

Auch *ich* darf nicht mit *meiner* Verletzbarkeit spielen.

### 10. Februar

In diesen letzten Tagen mit ihren Verspannungen und Kopfschmerzen habe ich das Gefühl gehabt, daß ich ein anderer werden wollte. Die Verspannungen haben Ähnlichkeit mit der Enge, die der Schmetterling erlebt, wenn er ausschlüpft. Besonders meine Kopfhaut war straff. Aber ich habe das Ausschlüpfen nicht beendet. Vielleicht dauert es Jahre. Bis dahin muß ich mich mit den Verspannungen anfreunden. Immerhin gehören sie zu dem großen, weiten Raum dazu.

Eine *Geschichte* kommt nur zustande, indem das allermeiste ausgespart wird. Würde man das Ausgesparte hinzunehmen, hätte man ein wüstes Durcheinander. Aber wer will wissen, daß die Nebensächlichkeiten nicht die eigentliche Geschichte ausmachen? Vielleicht ist das, was wir als Geschichte ansehen, nur das Oberflächliche.

### 11. Februar

Er sagte: »Ich werde mir das merken.« Aber er meinte: Ich vergesse, soviel ich kann.

Fast jeder Handgriff war automatisch. Jetzt automatisierte sie auch ihre Blicke. Danach sollten die Worte automatisiert werden. Sie machte das im Tandem mit ihrem Partner, und die

Kinder lernten es schon gleich von klein auf. Manchmal, wenn das Automatisieren noch nicht ganz klappt, weint sie noch. Darum will sie in die Vollautomatisierung auch das Weinen mit einbauen.

Gott aus seinen ungöttlichen Fesseln befreien. Leidet er nicht daran, daß wir ihn so klein, schulmeisterlich, spielverderberisch und moralisch sehen? Trauen wir doch seiner neuen Gestalt. Vielleicht gibt es nur eine Form des Gehorsams Gott gegenüber: seinem Leben in uns zu folgen und ihn darum von seinem lächerlichen Thron zu stoßen, weil das Wesen auf dem Thron nur ein Darsteller (impersonator) ist.

Ich stelle mir vor, der Papst würde bei einem öffentlichen Besuch (Fernsehkameras, Reporter, Menschenmengen) aus dem offiziellen Protokoll aussteigen, ohne es vorher jemand zu sagen. Er würde keinen der Ehrenträger ehren, würde ein Kind ansprechen, so unters Volk gehen, daß er seine Leibwächter verlieren würde, eine Prostituierte an ihren Augen erkennen und sie auf den Mund küssen, einem alten Mann seine Schnoddernase mit dem Ärmel seines blendend weißen Gewandes abwischen, seinen päpstlichen Ring verschenken, keine »großen« Aussagen machen und Märchen erzählend mit Kindern Eis essen. Und dann nichts erklären.

### 12. Februar

Einige äußere Fehlschläge. Ich bin dann gottbedürftiger, und plötzlich spüre ich in mir die Angst Gott gegenüber, etwas falsch gemacht zu haben. Und mit dieser Angst kommt eine Vorsicht: Ich will lieber auf »Nummer Sicher« glauben, im Denken nichts wagen, Gott nicht herausfordern. So lande ich in kurzer Zeit bei einer magischen Frömmigkeit. Ich will Gott gutmütig stimmen. Andere machen es mit Tieropfern und Riten, ich mache es mit meinem Mich-Zurücknehmen, meinem Nicht-erwachsen-Werden aus Angst.

Die Fähigkeit, großzügig zu sein, wenn alles gut geht, ist das Großzügigkeit?

Sie wechselt in eine Fremdsprache, wenn sie etwas bespricht, was ihr nahegeht. Die ungeläufigen Worte schaffen den Abstand.

*14. Februar*

Ich höre von einem Paar, das einen Weltrekord im Küssen aufgestellt hat. Sie küßten sich 144 Stunden lang. Das sind sechs Tage und Nächte. Sie kannten sich erst wenige Tage. Werden sie je wieder küssen können, ohne an diese Tortur zu denken?

Kommt alles, was zwischen uns kommt, nicht letztlich aus uns selbst? Immer aus uns selbst.

Das Warten nimmt immer noch zu. Als käme zur Mitte und zum Ende des Lebens mehr »zusammen«. Ist das ein Zeichen, daß wir hier auf dieser Welt nicht zu Hause sind?

Meistens kann ich nicht feststellen, daß ich innerlich wachse, während ich es tue.

*15. Februar*

Traum: Ich bin mit meinen zwei Kindern im Auto irgendwo in der Wildnis British Columbias. Ich weiß, daß an dem nahegelegenen Berghang ein Grizzly ist und daß er kommen wird. Unser Auto ist eine Art Cabriolet, also mit einem weichen Dach, obwohl das Dach geschlossen ist. Der Grizzly wird einfach durch das Dach durchlangen nach uns. Ich gebe den Kindern Anweisungen, sich möglichst tief zu halten, damit der Grizzly sie nicht erreichen kann. Ich sitze übrigens hinten und die beiden Kinder vorne. Dann sehe ich den Riesengrizzly den Berg herunterkommen. Er hat sehr große Pranken mit spitzen Krallen. Aber der Bär tut uns nichts. Das Erwartete trifft nicht ein. Ich hatte auch bei dem Gedanken, daß der Bär kommen würde, keine Angst, so als ob ich wüßte, daß er uns nicht verletzen würde.

Ich frage mich, wie viele Menschen gerade heute nacht ihr Überleben geträumt haben – es aber ihrem Unbewußten nicht glauben können und langsam an der Angst sterben.

Der Abstand ist ein Lebensretter. Wenn ich doch glauben könnte, daß alles Heiße immer abkühlt.

Es ist schon ungeheuer, was alles für uns vorbereitet wird. Wenn wir schlafen, arbeitet er an unserer Zukunft und setzt dabei sogar andere ein. Ich glaube es.

*16. Februar*

Die Not der Männer, die immer Männer sein müssen. (Ich habe gerade Judith Jannbergs »*Ich bin ich*« in einem Zug durchgelesen.) Überhaupt die Not, Mann zu sein, in einer Gesellschaft, die dem Mann eine sehr schmale Bandbreite zugesteht.

*17. Februar*

Ich habe Begleitgegenstände um mich gesammelt, Kleinigkeiten und größere Dinge. Manchmal erscheinen sie mir wie »erhabene Stundenlutscher«.

Ich glaube (ich hoffe), daß es mir schon geglückt ist, mich weiter (tiefer) zu erkennen zu geben, als ich mich selbst kenne. Ich will noch mehr dahin kommen, daß ich nicht nur immer etwas, sondern mehr als etwas von mir »herauslasse«.

Der fast verzweifelte Versuch des Dichters, mit Worten gewisse Gefühle und Dinge anzulocken. Wenn er der Stärke seiner Verlockung glaubt, kommen die Dinge und Gefühle. Für ihn ist das Dichten eine Form von Glauben.

*18. Februar*

Neue Haltungen werden echter erlebt, wenn man vorher ihr Gegenteil entschieden gelebt hat.

Ich habe Dustin Hoffmans Film »Tootsie« gesehen. Ich staune immer wieder, wie er in seinem Körper zu Hause zu sein scheint.

*19. Februar*

Seine Not, menschenwürdig seinen Lebensunterhalt zu verdienen. (Ich merke, daß ich es schwer habe, Mut zu machen.)

*20. Februar*

Die Zukunft kommt auf mich zu wie ein Geschenk, das ich manchmal ängstlich erwarte.

»Er konnte, wenn es ihm gut ging, das Leben stärker auf den jeweiligen Moment konzentrieren. Er war dann berufslos, familienlos, vergangenheitslos, geldlos, sorgenlos, system- und theorielos, feindlos, staatenlos, alterslos und, wenn er Glück hatte, sogar namenlos, weil er nur noch gegenwärtig war.«

Er bewegte sich als Christ unter Menschen, nicht als Mensch unter Menschen.

»All das Schwere, was er in letzter Zeit durchgemacht hatte, machte ihn kein Pfund schwerer, als er auf die Waage trat. Er trat vor den Spiegel, auch da war nichts zu sehen. *Das Leben meint spurlos an mir vorbeigehen zu können,* flüsterte er leise zum Gesicht im Spiegel.«

*21. Februar*

Der tragische Sinn, der in allem wohnt. Ob Gott auch etwas Tragisches an sich hat? Vielleicht ist unsere Entwicklung seine tragische Seite.

Auf dem Bau: Ich spüre das »Herabreden« des »Geistesarbeiters« zum »Handwerker«. Ich schlage mich dann schnell auf die Seite des Handwerkers. Ich ordne Worte, baue Häuser mit Worten.

Ihr Körper versuchte seine eigene Geschichte zu verneinen. So hatte sie ihn trainiert.

Ich höre/sehe den kanadischen Schriftsteller Morley Callahan in einem Fernsehinterview zu seinem 80. Geburtstag sagen, er habe nie Geburtstage gefeiert, er wolle nicht an das Altern erinnert werden. (Ist es ein Leben, wenn wir den Tod nicht mit einbeziehen lernen?)

Könnten wir nicht an den Dingen vorbei zum Leben, auch zum Leben des andern, finden, wenn wir einfach und bedingungslos und so, als wäre dies unser letzter Tag...

*23. Februar*

Seine erste Hilfe war für viele das Letzte.

Zum x-ten Male gehen meine Gedanken zu H., den ich nicht kenne, dessen Bücher ich aber lese. Aber ich weiß nicht, was dieses »Hinausgreifen« soll. Ich spüre die innere Verwandtschaft und möchte ihn gerne kennenlernen.

*24. Februar*

Ich könnte meinen guten Ruf verlieren, meinen Besitz, meine Familie, meinen Glauben. Nur die Hoffnung dürfte ich nicht verlieren. Vielleicht ist aber die Hoffnung der Glaube. Hoffnungslos = glaubenslos.

*25. Februar*

»Er wählte den Schutz eines offenen Cafés für ein Gespräch mit ihr.«

Ich weiß nicht, wo es hingeht. Könnte mich das nicht ruhiger machen? Ich muß nicht steuern.

*26. Februar*

Manchmal schäme ich mich, ein Mann zu sein. Wir haben mit unserer »Stärke« so unendlich viel kaputtgemacht. Woher nehmen wir unsere Rechte? Von einem männlichen Gott?

*27. Februar*

Er hatte das Empfinden, daß seine Schmerzen aus einem unendlichen Vorrat an Schmerzen kamen. Und doch meinte er, heute durch seine Schmerzen etwas von diesem Vorrat abzuleben.

Sein ganzes Leben lang versuchte er, mit seinem Körper Frieden zu schließen. Man hatte ihm gesagt, daß sein Körper sein Feind sei.

*28. Februar*

Als würde das ganze Leben nur eine Verzögerung sein, aber eine Verzögerung von was?

Zum Sterben ist immer Zeit. Wenn es soweit ist, hat es immer Vorrang.

*1. März*

Mit Begeisterung suche und finde ich immer wieder so helle, weitreichende Worte bei Laotse:

»Der Weise, wandernd weite Wege,
trägt mit sich, was er braucht.
Alle Herrlichkeit sieht er,
doch besitzen will er nichts.«

Oder ein anderes Wort:

»Wer sich nicht treu ist, dem kann man nicht trauen.«

Über die Zeiten hin sind wir verbunden. 2500 Jahre Trennung sind nur Illusion. Ich habe Geschichte, weil Laotse damals erlebt hat, was ich heute versuche zu leben.

### 2. März

Stundenlang in der Dunkelkammer die Welt auf schwarz-weiß reduziert. Dabei kann sie fast mehr leuchten als in Farben.

Ich höre am Radio: ». . . und dies ist unsere ganz persönliche Einladung an Sie.«

das Herbei-Sehnen eines wortlosen Reflexes auf den andern

### 3. März

Zunehmend mehr möchte ich nicht in Terminkalender eingetragen werden.

Könnte die Stille damit zu tun haben, daß sich in mir besonders viel abspielt?

### 4. März

Der Papst in Mittelamerika. In Nicaragua fällt Ernesto Cardenal vor ihm auf die Knie. Der Papst redet Cardenal an. Gesten, Mienenspiele. Was passiert hier wohl? Ein Priester, der auf seiten der Revolution kämpft und sich dem Vatikan nicht beugt, weil verlangt wird, daß er sich aus politischen Aktivitäten heraushalte. Ich merke, wie tief mich die Begegnung dieser zwei Männer berührt. Ich verstehe mich nicht ganz. Bin ich von Cardenal betroffen, der bereit ist, so weit zu gehen?

### 5. März

Er wurde kein Verfolgter, auch nicht, als die anderen ihn verfolgten. Was er war, lag in seiner Hand. Aber er kannte auch das Zucken in den Beinen. Es war wie eine Aufforderung, loszulaufen.

Es gab einfach nichts mehr zu sagen, auch nicht nach längerem Suchen. Das war befreiend. Wir konnten über das Lächerliche des Redens reden. Wir konnten über das Lächerliche des Redens schweigen.

Die Suche nach Männern, die vorgeben, stark zu sein, geht weiter. Heute wurde Helmut Kohl zum Kanzler gewählt.

Er suchte sein Leben, und das verstanden die anderen nicht. Es nicht zu verstehen war ihre Art zu suchen.

*7. März*

Wenn die beantworteten Fragen wiederkommen, weiß ich, daß ich sie nur für gestern beantwortet habe. Heute ist heute.

*8. März*

ich sehe die ähnlichkeiten:
deine flucht gleicht meiner
wir fliehen vor nichts
sondern zu etwas
die türen nach innen
öffnen sich automatisch
weil sie einladungen sind

auch ich lebe in deinem gesuchten
und gefundenen:
diesem einfach sein
von minute zu minute
diesem wachsein
für das was ist

und so weiß ich
(wie ein lachen gegen alle theorien)
daß es mich echt gibt
weil es dich gibt

Wenn alles um die Vervollkommnung des einzelnen ginge, dann wäre ja alles »Gruppige« nur Mittel zum Zweck.

Die Tiere, die unser Unbewußtes in unseren Träumen zuläßt, werden schöner und akzeptabler, je mehr wir akzeptieren, daß wir eine Tierseite haben. Dann können die Tiere anfangen, uns zu erlösen.

Es ist leichter, etwas zu dämonisieren, als eine Fehlhaltung mühsam umzuändern.

Das Erlernen des Menschseins, als würden wir als etwas anderes geboren. Vielleicht ist es die Bewußtwerdung.

Wir wollen doch Angst vor Gott haben. In der Angst erleben wir Grenzen, die uns Festigkeit geben. In der Liebe erleben wir Grenzenlosigkeit häufiger. Aber Gott hat sich doch für die Liebe entschieden. Ist die Angst die Entscheidung gegen Gott?

Gerade das, was in mir gelitten hat, ist fähig, tiefer und bedingungsloser zu dir zu finden, zu dem, was in dir ähnlich gelitten hat.

C., ein früherer Kollege in der philosophischen Abteilung, versucht, mich zum vegetarischen Lebensstil zu bekehren. Ich merke, daß ich letztlich keinen einzigen Grund habe, meine Mitgeschöpfe zu essen, Hühner, Kühe, Schweine, Fische. Besonders dann nicht, wenn sie gequält werden und schrecklich sterben, um uns zartes Fleisch zu geben. C. spricht von Rassismus und sagt, daß unser Fleischessen eine weitere Form ist: Eine Spezies wird von einer anderen ausgebeutet. Mein Gedanke, daß ich aber ab und zu gern Fleisch esse, kommt mir geradezu primitiv vor.

Ich lese in »Newsweek«, was der Papst vor einer Woche zu Ernesto Cardenal gesagt hat (s. Eintragung 4. März). Er hat ihm gesagt, er solle sein Verhältnis zur Kirche klären. Ich merke, wie ich mich ärgere. Die Kirche ist wichtiger, als das Verhältnis zu Gott klar zu erhalten. Schon öfter ist mir der Papst zu süß, zu institutionalisiert, zu angepaßt vorgekommen.

### 12. März

Intensive Gespräche mit S. und M. über Kindererziehung. M. erlebt das Gespräch wie ein Vor-Gericht-Stehen. Wir meinen es nicht so. Ist das Gericht, vor dem wir stehen, nicht letztlich immer unser eigenes Gericht?

Ich mag meine Sicherheit beim Reden nicht. Ich kann dann schlechter hören.

### 13. März

»Ich glaube, mit Lebensformen kann man nicht experimentieren. Im Alleinsein, Einzelsein entsteht ja eine unerhörte Ordnung, eine Art Harmonie – wenn es gelingt. In diesem Zustand ist eine Durchdringung von Ich und Welt möglich, wie sie zu zweit in dieser Intensität und Reinheit gar nicht vorstellbar ist. Aber dazu ist eine ungeheure Konzentration nötig; da kann man sich nicht erlauben zu experimentieren. Alles, was diese fragile Ordnung auch nur ein bißchen verschiebt, bedeutet das Chaos.« Peter Handke in einem Interview mit »Der Spiegel«, 10. 7. 78.

Dialog, Contralog

Die Fragen, die er sich gestattete, waren keine Fragen. Darum fand er immer Antworten. Aber die Antworten waren keine Antworten.

### 14. März

»Er hatte das Gefühl, von jemand aufgezogen worden zu sein. Aber dieser jemand ließ ihn nicht ablaufen, sondern zog ihn immer wieder neu auf. Es gab also nie die Entspannung des Ablaufens. Es gab keinen Wechsel.«

Ich sehe Steven Spielbergs »Close Encounters of the third Kind« (Begegnungen der dritten Art) zum dritten Mal. Die Stimmung des Films übt eine seltsame Faszination auf mich aus. Ist dies der tiefe Wunsch nach dem Aus-mir-Heraustreten, ausgedrückt durch den Kontakt mit außerirdischen Wesen? Besonders gefällt mir die Sanftheit Truffauts in seiner Nebenrolle. Als wisse er schon lange um die größere Welt.

### 15. März

»Menschen, die keine Komplexe haben, sind mir äußerst unangenehm. Alle Leute, die sich für normal halten, machen mir Angst. Menschen ohne Komplexe sind gefährlich. Hemmungen sind das offenkundigste Merkmal des menschlichen Wesens. Welches Unglück, wenn diese Hemmungen überwunden sind! Dann wird der Mensch zum Tier.« Günter Grass im Gespräch mit der französischen Publizistin Nicole Casanova.

Die Zeichnungen für unser neues Haus. Ein neues Haus. Wir fragen uns, was das Neue sein wird. Das Haus ist nur das äußere Zeichen. Innen soll es neu werden.

Träume. Ich will nicht aufhören, träumen zu können. Tagträume. Unmöglichkeiten.

### 16. März

Sogar das Ansehen von Dingen und Personen war für ihn eine Flucht vor dem wirklichen Erleben. Dabei rief es innerlich immer wieder in ihm: Ach, wenn ich doch leben könnte! Und er kniete sich hin wie ein Mensch ohne Zukunft.

### 17. März

das Bedürfnis zu teilen (– reicher zu werden)

Gerade deine Unaufdringlichkeit macht dich gegenwärtiger.

### 19. März

Ich kaufe mir einen Gedichtband von Merrit Malloy und lese 30, 40 Gedichte. Sie sind stellenweise recht kitschig. Aber hier in Boulder, Colorado, heute, allein in einer fremden Stadt und einem großen Hotelzimmer, gebe ich dem Kitsch nach und erlaube ihm, in mir zu sein.

In diesem Restaurant will ich keine »class« haben, wenn das heißt, daß ich etwas Heruntergefallenes nicht aufheben, abpusten und dann doch noch essen kann, oder wenn es heißt, daß ich etwas Eßbares auf dem Teller lassen muß, oder wenn es heißt, daß ich nicht mehr spontan sein darf.

Ich könnte dir Landkarten zeichnen, wie du schneller und direkter zu mir finden könntest. Aber dann würdest du das Terrain, mein Umfeld, nicht kennenlernen.

### 20. März

Beim Frühstück im Hotel sitzt ein Mann am Tisch neben mir. Er hat ein Gesicht, hinter dem sich *alles* verbergen kann. Es gibt Gesichter, die dünner und durchsichtiger sind.

Es ist wichtig, daß sie zu diesem eleganten Restaurant gehen, es ist wichtig, wie sie bestellen und daß sie mit gewisser Kleidung dasitzen. Ach ja, essen tun sie am Ende auch.

### 21. März

Gelbgrünes Moos auf Stein. Davor leuchtende Eiszapfen. Ich treibe durch meine Kameralinse in die Landschaft hinein.

Zum Abendessen im Hotel bestelle ich einen Nachtisch, der »mile-high« heißt. Ich feiere diesen Ort, der eine Meile über dem Meeresspiegel liegt.

### 22. März

»Wenn er merkte, wie anders als andere er war, tat sich in ihm eine abenteuerliche Stille auf. Er bewegte sich dann versunken.«

Die Angewohnheit amerikanischer Männer, mit dem losen Kleingeld in ihren Hosentaschen zu klimpern (als Erinnerung, daß fast alles käuflich ist, als Sicherheit).

### 23. März

Wenn das Unmögliche nicht so anziehend wäre, wäre es leichter zu ertragen. Vielleicht ist aber nur die Unmöglichkeit anziehend.

Er rettet sich ins Gesetz. Da ist er sich seiner Vernichtung gewiß.

Schon wieder ist etwas vorbei. Noch letzte Woche lag es vor mir. Und das, was vor mir liegt, im nächsten Monat, wird im nächsten Moment auch vorbei sein. Ich werde diese Straße fahren, und es wird Vergangenheit sein, was jetzt so verlockend vor mir liegt. Von hier ist es nicht weit zu der Überlegung, daß das Leben nur vorüberhuscht. Vielleicht gibt es *das* Leben überhaupt nicht. Die Perspektive der Eintagsfliegen.

### 24. März

beten = durch die Haltung trauen, mich loslassen, über das Formulieren hinausgelangen

### 25. März

Er kann es sich nicht leisten, lebendig zu werden. Dann müßte er sich bewegen und vielleicht sogar verändern.

Seine Erfindungsgabe ist einseitig. Immer neue Wege findet er, sich selbst zu betrügen.

eine abgegraste Seele, als verzehre sie sich selbst

S. und M. ziehen um. Sie verrichten lauter letzte und dann lauter erste Handgriffe. Spaßeshalber sage ich, daß man bei dem alten und auch bei dem neuen Haus ein Feuer machen sollte. Was das erste Feuer übersteht, mag im zweiten enden. Es ist der Wunsch, »leichter« durchs Leben zu reisen.

All das lautlose Weinen, das lautlose Sterben. Und ich pfeife, sehe mir Bilder an, esse einen Apfel. Man könnte meinen, daß alles in der Welt in Ordnung sei. All das entfernte Weinen, all das entfernte Sterben. Aber hier wird auch gestorben. Nur anders.

Das *ganze* Leben konnte er nicht ansehen. Es überwältigte ihn. Darum konzentrierte er sich auf Einzelheiten. Aber er fand in den Einzelheiten das ganze Leben.

Mein Bedürfnis nach Distanz erlebe ich als ein Erwachsenwerden. Als würde ich merken, daß alles an mir kostbarer wird. (Manche werden es mißverstanden und es mir als Eingebildetsein und Stolz auslegen.) Ich erlebe, daß ich mich heimisch in meinen Schultern mache, daß ich mich von außen sehen kann, ohne in den Spiegel zu blicken. Da bin ich: Ulrich Schaffer. Es wächst ein Respekt vor mir selbst. Deshalb kenne ich noch genausogut das Erleben, daß ich mich selbst stark anzweifle.

Du bist in deinen Händen.
Du bist deine Hände.
Deine Hände sind du.

Wenn seine Fragen schon die Antworten enthalten, ist es mir fast wichtiger, ihn zu »enttäuschen«, als mir selbst treu zu sein, indem ich eine unerwartete Antwort gebe. Dann weiß ich, daß ich noch reagiere, also mein Leben noch aus der Hand gebe, mich noch bestimmen lasse.

Es gibt keine Freiwilligkeit. Das, was uns drängt, ist nur nicht zu sehen.

### 30. März

»Jetzt fiel es ihm nicht mehr schwer, zu ahnen, daß es einen Moment geben würde, wo er nicht mehr leben wollen wollte, wenn die Einsamkeit immer mehr zunahm.«

Was wir als tiefe Sehnsucht in uns tragen, erleben andere oft als Druck und Erwartungshaltung von uns. Wenn sie dann darauf reagieren, fühlen wir uns um unsere Sehnsucht betrogen. Aber vielleicht müssen sie darauf reagieren, um uns davor zu schützen, daß unsere Sehnsucht tatsächlich eine Erwartungshaltung wird.

### 31. März

In dem Zukunftsroman von Arthur Clarke (Fountains of Paradise) ist das fast Unmögliche noch denkbar. Darum ist es so fantastisch.

Auch hier, mitten in der Großstadt, umgeben von Menschen, Aktivitäten, Angeboten, habe ich das Empfinden, das Leben passiere woanders.

### 1. April

Auch mit vierzig fallen mir noch genug Streiche ein, die man spielen könnte.

Heute Richard Attenboroughs Film »Gandhi« gesehen. Ich merke, wie tief ich berührt bin von der Einfachheit dieses Mannes und von seiner Zielstrebigkeit. Ich denke an Kierkegaards

Satz: Die Reinheit des Herzens ist es, nur eins zu wollen. Ich komme mir »unrein« vor, weil ich soviel will. Aber ich weiß auch, daß hinter all dem doch wieder auch nur ein Wunsch ist.

## 2. April

Wieder einmal dieser feste Entschluß, langsamer, langsamer, langsam, so *langsam* zu leben, damit ich wirklich erlebe. Ich bin zuversichtlich, daß ich es mehr und mehr schaffe.

Der, den du heute triffst, bin ich auch geworden, weil ich dich nicht kannte.

## 3. April

Beim Durchsehen des Bildbandes »Die Schöpfung« von Ernst Haas, einem der schönsten Fotobücher, die ich kenne, bekomme ich wieder große Lust, »meine Schöpfung« fotografisch zu gestalten. Das wäre ein Projekt für die nächsten fünf oder zehn Jahre. Ich merke, wie schon der Gedanke daran meinem Leben ein Stück mehr Kontinuität verleiht.

Wie schwer ist es, die Veränderung gerade einer *guten* Beziehung zuzulassen.

## 4. April

Ich sitze an einer Übertragung des 104. Psalms. Da heißt es im 35. Vers: »Der Sünder müsse ein Ende werden auf Erden, und die Gottlosen nicht mehr sein.« Wie überträgt man das heute, ohne in ein Gottesbild von vor 3000 Jahren zu verfallen?

...er könnte, ja, er könnte doch so leicht etwas verändern, und es wäre mit ihm zu leben. Aber er tut es nicht, und auch die, die ihn verstehen, wissen nicht, warum er es nicht wenigstens versucht. Aber vielleicht kann sich der Mensch nicht ändern, und besonders nicht ab einem gewissen Alter. Da könnte man verzweifeln. (Dieses Selbstgespräch führt vermutlich auch der eben Besprochene.) Es scheint so hoffnungslos zu sein.

### 5. April

Ich wache aus einem Traum auf. Ich bin einen Nachmittag lang mit Marilyn Monroe im Gespräch gewesen. Sie war älter, als sie es je geworden ist. Sie war auch nicht auffallend hübsch. Ich wußte einfach, daß sie es war. Am Ende des Nachmittags traf ich auch noch ihren Mann, es war aber nicht Arthur Miller. Auch mit ihm sprach ich ein wenig. Am Ende fiel es mir auf, daß ich zuviel von mir geredet hatte. Das war mir bedeutsam.

An seinen Wunden kann man ihn erkennen.

### 6. April

Über meiner Nachtarbeit am Schreibtisch ist es fünf Uhr morgens geworden. Ich höre die Morgenvögel zum ersten Mal dieses Frühjahr.

### 7. April

Nur die Nuance eines Wortes kann schon die Unsicherheit auslösen, hinter der sprungbereit die Angst steht, die wie rasend um sich fressen kann. Der Auslöser steht in keinem Verhältnis zu dem, was ausgelöst wird.

### 8. April

Ich habe mir eine neue Kamera zugelegt. Ich muß neu sehen lernen. Ob sich das Äußere auch auf mein Inneres überträgt?

### 9. April

Dieses »Abstand schaffen« heißt eigentlich fast immer, den Abstand, der existiert, ernst nehmen.

Ich gehe zum ersten Male mit meiner neuen Kamera los. Weitwinklig sehen, das will ich lernen. Ich finde in drei Stunden nur ein Motiv, dem ich mich widme.

Ich will dagegen angehen, etwas erst dann voll zu genießen, wenn alles »richtig« ist. Ich will die Teilvollständigkeit feiern. Ich will weniger mit »wenn…« leben.

Der Satz »Ich gehe meinen Weg« hat etwas Einsames, aber seltsam Befreiendes an sich.

Letztlich geht es doch immer nur darum, im andern seine eigenen Kräfte zu mobilisieren, wenn man wirklich helfen oder lieben will.

Letzten Monat hat sich der Schriftsteller Arthur Koestler mit seiner Frau Cynthia das Leben genommen. In einem hinterlassenen Brief schrieb er acht Monate vorher: »Ich habe eine zaghafte Hoffnung auf ein entpersonalisiertes Leben nach dem Tode außerhalb jeder Begrenzung durch Raum, Zeit und Materie, jenseits der Grenzen unseres Verständnisses.« Er war 77.

Ich fliege nach Deutschland. In Edmonton steigt eine Frau zu, etwa sechzigjährig (dem schwarz-gefärbten Haar gelingt der Betrug nicht), die nach Deutschland fliegt, um dort Verwandte zu besuchen. Nach und nach zeigt sich ihre ganze Hilflosigkeit. Vor zwei Jahren hat sie ihren Mann verloren, seitdem fehlt ihre Mitte. Ich kann ihr nicht sagen, daß sie eine eigene Mitte braucht. In Frankfurt helfe ich ihr mit den Zügen.

Sie kann alles nur ahnen. Mehr Wissen könnte sie nicht vertragen.

Im nächsten Monat habe ich zehn Lesungen und eine Tagung zu machen. Auch nach 200 oder mehr Lesungen merke ich, daß die Unsicherheit nicht weggegangen ist. Habe ich Angst vor dem, was ich sagen könnte? Ich darf doch alles sagen. Ich kann doch im nächsten Moment etwas anderes, sogar das Gegenteil sagen. Ist es die Angst vor einer Blamage? Vielleicht ist es die Angst, andere zu enttäuschen. Wir haben gelernt, andere nicht zu enttäuschen, und so müssen wir uns selbst immer wieder enttäuschen.

### 14. April

Der Ärger ist raus, ich kann wieder milder sein.

»So geht es nicht weiter« ist die pauschale Aussage, die schon kaum noch etwas erreichen will.

### 15. April

Meinen Weg gehen, ohne dadurch still oder indirekt dem anderen damit einen Vorwurf zu machen. Den anderen sein lassen.

»Legen Sie sich doch fest«, sagt man in einer Lesung zu mir. Ich merke beim Antworten, wie ich gerade das nicht will. *Ich bin ein Prozeß.*

### 16. April

»Wo führt das hin?« ist meistens keine Frage.

### 17. April

Dieser innerkirchliche Stil wird mir mehr und mehr zu einer Fremdsprache, zu einem Ritual ohne Entsprechung in meinem Leben.

Freude, die kaum zu umfassen ist.

Gespräche, bei denen Gott immer größer wird – ein Bildersprenger.

### 18. April

Wir haben keine Erwartungen aneinander, darum lieben wir uns. Weil wir uns lieben, haben wir keine Erwartungen aneinander. So werden fast alle »Erwartungen« erfüllt.

### 19. April

Wieder im Emsland. Das Licht versteckt sich. Dünner Novembernebel über einsamen Baumgruppen.

Vielleicht hat die Seele keine Abwehrmechanismen, sich gegen die Schwermut einer Landschaft zu wehren.

### 20. April

Anflug von Schwere, weil ich Angst habe, nicht so konsequent lieben zu können, wie ich es gern möchte. Wir reden über Ehe und Verträge. Vielleicht brauchen manche einen Vertrag, um sich selbst zum Wachstum zu ermutigen.

### 21. April

Diese Schwere in mir hat ihren Ursprung in der Unvollkommenheit des Lebens. Etwas Spezifisches brauche ich nicht zu finden.

Wir haben uns verändert. Bewußter leben wir zwischen den Unmöglichkeiten, die uns umgeben wie Fallen.

### 22. April

Besuch in der Worpsweder Galerie. Bilder von Udo Peters. Zwei Straßenfluchten, fast identisch gemalt, dreißig Jahre auseinander. Was ist in der Zwischenzeit passiert! So hält der Künstler die Zeit an. Er selbst wird die Uhr.

Ludwig Hirsch im Konzert: als wären manche seiner Lieder zu groß für ihn und andere zu klein. Ein Konzert voller Diskrepanzen.

Norddeutschland. Mal wieder in der Haseldorfer Marsch. Hier habe ich vor zwanzig Jahren Fotos gemacht, die dann fünfzehn Jahre später in das Buch »Im Aufwind« gelangt sind. Die Weite ist noch die gleiche, aber ich habe mich verändert. Ich kann die Weite besser aufnehmen, weil es in mir weiter geworden ist.

Der Körper hat seine eigene Ehre. Wenn er entwürdigt wird, zieht er sich zurück und muß mühevoll erst wieder hervorgeworben werden. Unsere Körperfeindlichkeit hat viele Körper ins Exil getrieben.

Weite, Weite. Und die Schafe verändern ihre Farbe mit der Sonne.

Wieder einmal auf Sylt. In Siegward Sprottes Galerie heißt es: »Wo der Zufall abnimmt, nimmt der Abfall zu.«

Die Mondlandschaft Sylts bei Abendlicht und Nebel.

»Je mehr wir erklären, desto weniger bleibt vom Geheimnis«, sagt man, aber es stimmt manchmal nicht.

Unser Gespräch über Abgrenzung. Ich will das Negative aus dem Wort heraushaben. Abgrenzung ist nicht eine Tat der Selbstverteidigung. Meistens grenzen wir uns erst dann ab, wenn wir uns schon schützen müssen. Das ist schon zu spät.

Ich kenne die Gefahr, mich in das Zuhören-Können zu verlieben und dabei dann nicht mehr zu hören.

Nur soviel Rolle spielen, damit der andere die Härte und das Neue des Nichtgespielten noch »hören« kann. Als Herausforderung leben – aber als Herausforderung, die noch angenommen werden kann.

Unser Gespräch im Café ist eine Serie von Vorwagnissen. Es finden sich immer noch Worte für gewisse Zustände, und die Worte sind ertragbar. Das Direkteste ist Ausdruck von Liebe.

*30. April*

Für mich und meine Kamera ist Rotenburg/Wümme eine Entdeckung. Soviel Friede in dem Grün, soviel Himmel, darunter die Zartheit der Birken. Wie ein Gruß.

*1. Mai*

Ob man an eigenen Erfüllungen scheitern kann? Nicht an Wünschen, sondern an ihren Erfüllungen? Vielleicht ist es leichter, mit Wünschen zu leben.

Früher gab es Momente, da meinte ich, gewisse Diskussionen sollten mich langweilen. Heute tun sie es.

*2. Mai*

wahr-sagen
wahr-schweigen

*3. Mai*

Ich fahre an Rapsfeldern vorbei, weil ich auf der Autobahn nicht halten darf. Dann tue ich es doch, an einer Baustelle, wo das Halten auch verboten ist. Fast fieberhaft stürze ich mich mit der Kamera in das Gelb.

### 4. Mai

Er sagt, er habe keine Schwierigkeit mit der Gerechtigkeit Gottes. Eine ewige Strafe für eine zeitliche Fehlhaltung scheint ihm nicht unangemessen.

### 5. Mai

Sieben Stunden Autofahrt mit einem kleinen R5 und dann vier Stunden Gespräch hier in Wien. Ich lebe von den Vorräten der Stille, in Canada angelegt.

### 6. Mai

»Er geht die Kärntnerstraße in Wien entlang. Fotogeschäfte, Porzellanläden, Parfümerien, Banken, Eisdielen, und dann kommt er bei der Zentralsparkasse und Kommerzialbank um die Ecke auf den Stefansdom zu. Die Zeit verlangsamt sich. Die Menschen werden Schatten. Beinah steht die Zeit still.« Der Durchbruch in die andere Welt scheint möglich.

All die modische Dekadenz schillert nach grünem Verfall. Ich denke an Trakl.

### 7. Mai

Gespräch mit O. Ich habe mich getäuscht. Sie zeigt mir Gedichte, die mich in ihrer einfachen, direkten Schönheit erfreuen. Schon nach Minuten spüre ich die Tiefe dieses Menschen.

Momente, in denen die Liebe fehlt, weil über sie gesprochen wird.

### 8. Mai

Sich sehen lassen im Moment der größten Verletzbarkeit trägt eine große Stärke in sich. Ich bin eine Weide, die sich biegt und darum nicht bricht.

*9. Mai*

Auf dem Weg zum Ziel gibt es soviel Ausstiegmöglichkeiten, wie es Ängste gibt.

*10. Mai*

Ich komme nach einem langen Lesungsnachgespräch erst sehr spät in mein Hotel. Ich suche nach Zimmer 8, aber das gibt es offensichtlich nicht. Ich probiere jede Tür ohne Erfolg. Auch der Hotelier läßt sich nicht herausklingeln. Nach einer Stunde gebe ich auf und wandere stundenlang durch das nächtliche, dann das morgendliche Erlangen. Ich erlebe, wie eine Stadt zu leben beginnt.

*11. Mai*

die Freude, Brücken hinter mir abzubrechen, um mehr Energie nach vorne zu sammeln

Ich erlebe ein Gespräch nach einer Lesung voller überraschender Wendungen. Die verfestigten Gegenpositionen treten nicht ein. Alles bleibt offen und darum voller Möglichkeiten.

*12. Mai*

Romananfang: »Eigentlich fing alles mit unsichtbaren Dingen an.«

Ich habe mir an meinem Rücken etwas getan, so daß ich fast völlig bewegungsunfähig bin. Ich lerne mich in meiner Bedürftigkeit und Hilflosigkeit neu kennen. Ich kann nicht einmal zum Badezimmer gehen und muß einen anderen Weg finden, diese Vorgänge zu verrichten. Es ist wichtig, daß ich mich so erlebe. Auch muß ich eine Lesung absagen. (Meine erste Absage nach über 200 Lesungen in den letzten Jahren.) Jemand oder eine ganze Gruppe zu enttäuschen ist eine wichtige Übung für mich, weil ich immer so darauf bedacht bin, diese Art Erwartungen zu erfüllen. Ich muß lernen, daß ich nicht alle Erwartungen erfüllen kann und daß es Sachen gibt, die über meine Kraft gehen.

Bereiche erkennen, die über meinen Bestimmungsbereich gehen. Vielleicht ist mir dies alles passiert (lasse ich es passieren?), damit ich das lernen kann. Werde ich morgen, wie geplant, zurück nach Canada fliegen können?

### 13. Mai

Sie wünschte ihrem Mann einen Gesprächspartner. (»Es ist gut, wenn er jemand hat.«) Aber sich selbst als Gesprächspartner für ihren Mann zu sehen, das hatte sie schon lange verdrängt.

### 14. Mai

Ich bin wieder zu Hause und lebe nicht mehr aus dem Koffer und an fremden Tischen. Die Gänge zu Dingen sind gewohnter, aber auch leerer, wenn ich nicht auf sie achte.

Ängstlich erlebe ich die Zuspitzung deiner Worte. Sie müssen in einem Dolchstoß enden. (Von einem Satz zum anderen ist es nicht weit. Aber zwischen dem ersten und letzten ist aus der Feststellung eine Waffe geworden.)

### 15. Mai

Das Schlimmste denken und feststellen, daß es auch noch zu verkraften wäre. Lachen.

das schwere Durcheinander als einzige Möglichkeit des Neuanfangs verstehen

### 16. Mai

Ich bin noch dabei, meinen Jetlag zu überwinden (dieser Versuch der Seele, den Körper, der schon längst die Überseereise hinter sich hat, einzuholen) und meinen kaputten Rücken auszukurieren. Ich habe wenig Energie und denke, daß das Leben so doch eigentlich nicht lebenswert wäre. Dann spüre ich meine Erwartung, meine Forderung und irgendwie auch meinen Hochmut – meinen fast brutalen Glauben an meine eigenen Fähigkeiten.

…die Frage ist immer wieder nur, ob ich als Liebender auf dich zukommen kann oder nicht. Alle anderen Fragen sind Vorfragen (oder Fluchtfragen).

Am Fernsehen sehe ich die Enttäuschung gewisser Sandinistas, die eine Regierung in den Sattel gehoben haben. Jetzt bekämpfen sie die früheren Mitrevolutionäre. Gibt es eine Regierung, mit der die Regierten zufrieden sind? Ist die Unzufriedenheit nicht eine Begleiterscheinung jeder Regierungsform? Brauchen wir sie nicht, damit wir noch immer Hoffnung haben, daß es besser werden kann?

Wir haben mit unserem Hausbau begonnen. Das Loch in der Erde ist fast fertig. Ich bin gespannt. Viel mehr als ein Haus soll entstehen.

*17. Mai*

Es gibt Tage, an denen ich mir Veränderung nur durch verschiedene Formen von Druck (Druck = Gewalt) vorstellen kann und nicht durch organisches Wachstum.

*18. Mai*

Die Haltung der Dankbarkeit, so anders als die Worte der Dankbarkeit.

Der außergewöhnlichen Herausforderung den außergewöhnlichen Einsatz entgegenzusetzen. Dem Leben den Durchbruch zu ermöglichen, das ist eine Frage, in der es auf Leben und Tod geht.

*19. Mai*

Dies ist eine langanhaltende Schreibdürre. Vielleicht wird das innere Auge reiner, erfinderischer, durchblickender, empfindungssicherer. Ich will offenbleiben.

Im Glück und in der Verzweiflung sind die Gedanken kreisförmig.

Die Wortsucher sind zeitlos, denke ich beim Lesen von Härtlings neuen Gedichten. Die richtige Kombination von Worten öffnet eine Reihe Türen nach innen.

In mir wächst der Wunsch, einen Band Erzählungen zu schreiben. Das Profil eines Menschen nur anreißen, mit Bleistift nur einzelnes zeichnen, nicht dieses großangelegte Ölbild. Den anderen mitten in seiner Lebensbewegung festhalten. Einen Moment, einen Szenenablauf im Leben des andern ehren. Erzählen als Würdigen.

*20. Mai*

Wie die Entscheidung, erwachsen zu werden oder nicht, auf mich zukommt! Erwachsen-Werden als ein In-die-Unsicherheit-Hinaustreten.

Diese tiefe, tiefe, unartikulierte Verzweiflung als der Grundton des Lebens in den Romanen von D. H. Lawrence!

Als ich vor zwei Wochen in Wien war, habe ich versucht, mit der Stadt in eine Beziehung zu treten, mich von ihrem Fluidum ansprechen zu lassen. Es ist mir nicht recht gelungen. Vielleicht erwartet diese Stadt mehr als andere, daß man sich selbst zumindest vorübergehend vergißt, um zu ihr zu finden. Ich war mit mir beschäftigt. Vielleicht ist es eine Stadt, die man außer sich vorfindet. Husum im November zum Beispiel ist eine innere Stadt. Man findet sie in sich vor, wenn man dort ist.

*21. Mai*

Gerade wenn der andere mich würdigt, finde ich zu meinem Anderssein.

Was willst du mit deinem Leben tun? Ich weiß noch nicht. Alles ist mir zu groß. Was willst du mit deinem Leben nächstes Jahr tun? Ich weiß es nicht, es ist noch zu weit weg. Was willst du heute tun? Ich weiß es nicht, es ist doch eigentlich schon zu spät, das zu entscheiden, der Tag ist doch gleich rum.

»Was für dich ist, muß nicht gegen jemand anders sein. Alles wahre Für-Sein ist immer für alle, auch was zunächst als Gegnerschaft ausgelegt wird.«

### 22. Mai

»Ich brauchte ihn, weil ich mich nicht hatte«, lese ich in Verena Stefans Häutungen. Wie doch der ganze Lebensstil davon bestimmt ist, ob man sich hat oder nicht. Den andern zu lieben wie sich selbst, das ist die indirekte, aber starke Aufforderung, sich selbst zu lieben, sich zu haben.

Ich weiß, daß viele von den Dingen, die ich mir nicht vorstellen kann (will!?), eintreffen werden, und sie werden nicht so schlimm sein, wie ich sie mir jetzt nicht vorstellen kann (will).

### 23. Mai

Ein langes Gespräch mit M. Ich stelle (erstaunt) fest, daß die Entwicklung weitergeht. Ihre und meine. Wir leben in die Zukunft hinein. Unsere Entwicklungsmöglichkeiten sind fast unendlich.

»Die entscheidende Frage für den Menschen ist: Bist du auf Unendliches bezogen oder nicht? Das ist das Kriterium seines Lebens« (C. G. Jung).

### 24. Mai

Mein fünfstündiges Gespräch mit W. über unsere Beziehung. Wir haben einander stark verletzt, weil wir schon verletzt waren. Ein Teufelskreis.

### 26. Mai

Momente, in denen Gott nicht mehr an die Begrenzungen in mir gebunden ist.

### 27. Mai

Er gab häufig den Anschein, als lebe er eigentlich woanders, als wäre er nur zufällig gerade hier und jetzt. Das war eine für alles geltende Entschuldigung. Als er das dann geistlich erklärte, wußte ich, daß er aus Angst vor seinem Gott lebte, oder nicht lebte.

### 28. Mai

Fast drei Stunden lang fotografiere ich Lupinen. Mir wird es nicht über, mich an ihrer Stattlichkeit zu freuen. Einige Fremde beobachten mich und fragen endlich, was ich denn fotografiere. »Nur die Blumen.« Man kann es nicht glauben, daß einer so lange an Blumen festhängt. Zu Hause stelle ich dann die vollen Filme auf den Schreibtisch und hoffe, daß die Bilder so werden, wie ich sie gesehen habe.

Bei W. H. Fritz lese ich einen schönen Satz: »Siehst du die Wege, die entstehen, indem wir an sie denken« (aus Sehnsucht, S. 37).

### 29. Mai

Warten, ohne eigentlich zu warten. Wissen um das Mehr, ohne mein Leben zu vertagen. Das ist Hoffnung.

Er bemüht sich, jetzt schon die Schuldigen zu finden, falls aus ihm einmal nichts werden sollte. Sind erst mal die Schuldigen gefunden, ist es viel leichter, sich mit weniger zu begnügen. Dann ist sogar das Scheitern erträglich.

### 30. Mai

ein werbendes Umschweigen

Den Umriß, auf den ich zugehe, noch klarer beschreiben. Das Auge davon erfüllt haben.

Langes Gespräch mit H., immer an den Ideologien (besonders den geistlichen) vorbei zum Leben hin. Dazwischen wie

Satzzeichen: die periodische Stille des gemeinsamen Nach-denkens.

Meine Begeisterungsfähigkeit ist Ausdruck meiner Unreife und Reife zugleich. Aber was ist was?

### 31. Mai

Ich fühle mich ohne Tiefgang. So einfach. Jemand, der nur einfach ist.

### 1. Juni

Sind alle Wagnisse nicht relativ, wenn ich weiß, daß Gott für mich ist?

Neben mir stehen. Manchmal kann ich dann klarer sehen. Aber ich gehe dann jedesmal das Risiko ein, mir selbst fremd zu sein. Vielleicht so fremd, wie ich mir bin.

### 2. Juni

Ein Tag, an dem ich mich in die Unmöglichkeiten hinein-steigere, als wollte ich mir möglichst viel aufladen, als könnte ich nur schwer gut zu mir sein.

### 3. Juni

Ich merke beim Abtippen meines Journals, wie wenig eigentlich doch noch von dem drin ist, was mich zutiefst bewegt. Es ist, als ob wir nie gelernt hätten, über das Wichtigste in uns zu reden oder zu schreiben. Und schon ehe wir das mer-ken, stellt sich etwas in uns ab. Wir werden sinnenlos, unemp-findsam für uns selbst.

### 4. Juni

Kann die Reinigung des Herzens je eine Gewalttat sein?

Als er sah, was sichtbar war, sagte man ihm: »Du hast dich versehen.«

Laß doch deine Theologie los. Lebe!

Die Welten, die zwischen uns stehen, müssen uns nicht unbedingt trennen, wenn es möglich wäre, diese Welten zu leben, einer des andern Welt zu lieben, die Andersartigkeit (die ich als Gefährdung erlebe) zu lieben. Das Ungelebte, das Unausgedrückte, das Verdrängte trennt.

*5. Juni*

Manchmal meine ich, daß schon das Am-Leben-Sein etwas Schmerzhaftes ist. Ich suche dann etwas, was diesen Schmerz wohl verursachen kann, und finde auch etwas. Dann stelle ich mir die Umstände verändert vor und merke, daß hinter dem spezifischen Schmerz noch ein tieferer Schmerz wohnt. Am Leben sein und empfindsam bleiben schafft dieses Loch in der Magengegend. Mit dem Wort »Weltschmerz« hat man diesen Zustand fast belächelt und dabei verloren, was dahinter steckt.

Ich habe heute mal wieder versucht, blühende Seerosen zu fotografieren, und wieder gemerkt, wie schwer es ist. Die Bilder wirken schon im Sucher so prosaisch. Es fehlt irgendwie die Tiefe, der Bezug zur Welt außerhalb der Seerose.

*6. Juni*

God,
there are some paths
which I will not travel anymore.
Their comfort is death.
I will leave the safety
of their predictable markers.

So heißt es in einem neuen englischen Gedicht.

Gott,
es gibt Wege,
die ich nicht mehr bereisen möchte.
Ihre Bequemlichkeit ist der Tod.
Ich werde die Sicherheit
ihrer Markierungen verlassen.

Verweigerungen, durch die ich mich finde. Erkenntnisse, die durch Abwesenheiten entstehen.

### 7. Juni

Irgendwann müßte ich doch mal aus-gedacht sein, die Phantasie aussetzen, die Ruhe einsetzen – aber die Bilder laufen weiter, die Gedanken stellen sich ein. Ich bin bei mir, auch wenn ich es nicht sein will.

Wenn man wüßte (mit seinem Leben), daß es nicht anders sein könnte, dann wäre alles leichter.

Bei Sölle lese ich: »Solange wir die Entfremdung ertragen, reproduzieren wir sie und geben sie an andere weiter.«

### 8. Juni

Vor mir auf dem Schreibtisch steht eine Fotokarte mit einem Baum aus dem Teufelsmoor in Norddeutschland. Ich kann auch hier, 12 000 km entfernt, in die Weite abdriften. Es ist, als könnte ich so etwas finden für (gegen) meine Sehnsucht.

Ich will lernen, manchmal im Gespräch nur eine Frage anzusprechen und die anderen, die dann mitkommen, einfach anstehen zu lassen. Es ist ein Haushalten mit meinen Kräften.

### 9. Juni

Wenn wir doch nur mal eine Minute hören könnten, was der andere meint, hören mit dem ganzen Hintergrund *seines* Lebens! Dann wären wir endlich an den Worten, diesen Schlingen, vorbei. Nur die Liebe hat eine Chance, den Weg zum inneren Ohr zu finden.

### 11. Juni

Er hatte Angst gerade vor den subtilen Formen der Brutalität: der Unachtsamkeit, der Gleichgültigkeit, der Vergeßlichkeit. Darum hatte er eine so starke Sehnsucht nach Zartheit: Aufmerksamkeit, Betroffenheit, Erinnerungsvermögen.

### 12. Juni

Auch die Angst vor Sentimentalität kann die Liebe verdrängen, so wie die Sentimentalität selbst.

Immer wieder mache ich Pläne. Das macht lebendig, ist aber auch Ursprung der Enttäuschung, des »Sterbens«. Vielleicht ist das Sterben in diesem Sinne Ursprung des Lebendig-Seins.

Ich wehre mich dagegen, daß die Kleinigkeiten so wichtig sind. Vielleicht habe ich Angst vor meiner Kleinlichkeit.

### 13. Juni

Es ist heute viel passiert, und doch suche ich jetzt am Abend nach etwas, das mein Leben wirklich betroffen hätte. Nur ganz gewisse Erlebnisse dringen bis zum Inneren vor. Die anderen werden vorher eingeordnet und können dann vergessen werden.

Wieder schätze ich mich glücklich, so als Fotograf ein gut Teil meines Lebensunterhaltes verdienen zu können. Gestalterisch auf die Welt um mich herum zu reagieren.

### 14. Juni

Ich merke, wie nötig es ist, mir gewisse Wünsche zu erfüllen, auch wenn ich weiß, daß sie nur vordergründige Wünsche sind. Nur so komme ich an die hintergründigeren Wünsche. Die Sehnsucht wird durch erlebte, nicht nur gedachte Enttäuschungen belebt.

Mir geht wieder neu auf, was für ein besonderer Akt das Briefschreiben doch ist – dieses Sich-einander-auf-dem-Papier-Nähern über eine weite Entfernung hin. Ich will mich tief in den Brief hineinbegeben mit meinem wahren Ich.

*15. Juni*

Ich suche nach etwas, woran ich mich halten kann – eine Festigkeit außerhalb von mir. Die Tageslese heißt: »Euch ist gegeben, die Geheimnisse des Himmelreiches zu verstehen.« Ich merke, wie mir Geheimnisse einen Halt geben können. Ich spüre in mir den Respekt vor dem Mysterium des Lebens.

Jesus, Jesus, Jesus, Jesus, ich schreibe deinen Namen wie eine Beschwörungsformel – es ist mein Gebet für heute, mehr ist nicht möglich.

*16. Juni*

Zwei Hände um Kaffeetassen, als ließen sich daraus warme Gedanken holen.

innerlich aufweichen

W. spricht von der Veränderung, die sie an sich spürt – Freude, daß sich noch etwas verändert.

Es würde mich reizen, ein Buch zu schreiben, das mit den Worten beginnt: »Ich bin eine Frau!« Ob es mir gelingen würde, mich so in eine Frau hineinzudenken?

*17. Juni*

Ich habe das Bedürfnis, nicht nur verschlüsselt über mich zu reden, sondern ganz offen, um so der Isolation des eigenen Innenraums zu entkommen. Was wir übereinander denken, ist anders, als was wir übereinander wissen. Ich will, daß du mehr über mich weißt, damit du mich besser lieben kannst oder deine Liebe verlierst, weil sie auf einer Illusion beruht.

In seiner Empörung spürte er ganz weit weg, wie eine hellweiße Ahnung, die Rebellion seiner Jugend und wurde froh bei dem Gedanken, daß er ja noch lebe.

ich kenne welche
die glauben an gott
weil sie nicht
an sich selbst glauben

ein kleiner gott
ist ihr fluchtpunkt
bei ihm sind sie sicher
vor sich selbst

Neuschnee auf den Bergen. Ich finde das Durcheinander der Jahreszeiten (vor einem Monat hatten wir den heißesten Tag in den letzten sechs Jahren) angenehm. Die Vorhersagbarkeit der Jahreszeiten hat auch etwas Langweiliges an sich.

Ihre Füße werden kalt. Sie hat sie noch nicht heimgeholt. Sie sind in der kalten Fremde.

*20. Juni*

Meinen Weg geht niemand anders. Ich bin allein.

Er schien immer über seine Fähigkeiten zu leben, in einer permanenten Selbstüberforderung. Das Kennzeichen dafür war sein Zittern. Er zitterte, weil er schon wußte, daß seine Kräfte nicht ausreichen würden.

Ein Saal anachronistischer Menschen – als hätte die Zeit sie übersprungen.

»Dies ist der Tag, den Gott gemacht hat«, wird immer wieder auf dieser Feier betont. Ich möchte fragen: »Und wer hat die anderen Tage gemacht, gerade die unschönen?«

Wie sich diese Gruppe in eine Weltflucht hineinsingt.

*21. Juni*

Wieder stundenlang in der Dunkelkammer. Ich werde nicht müde, die vielen Töne zwischen Schwarz und Weiß in der Entwicklerflüssigkeit ans Licht treten zu sehen.

Ich gebe mir das Recht, gewisse Dinge nicht denken zu wollen. Ich schulde niemand (auch mir selbst nicht) eine gewisse Bewußtwerdung. Wenn ich mich dafür entscheide, dann ist es nicht, weil ich es muß, oder weil »man es sollte«.

### 22. Juni

Mit viel Freude erlebe ich H.s Entwicklung. Sie staunt immer wieder über die Möglichkeit, die Welt auch anders zu sehen, als sie sie bisher gesehen hat. Sie ist überrascht von dem Entwicklungspotential in ihr selbst. Auch sie will leben und nicht in erster Linie Regeln befolgen. Sie will lebendig werden, tief, gründlich und für immer. Und schon beginnt ihr neugefundenes Leben andere ins Leben zu rufen.

### 23. Juni

Meine Lieblosigkeit legt sich auf die Welt um mich. Ich merke, wie sehr es an mir liegt, was um mich lebt und was nicht.

Der Zusammenhang von Fehler-Machen und Schuldig-Sein! Gibt es nicht Fehler ohne Schuld und Schuld ohne offensichtlichen Fehler? Um weiterzukommen, könnte es doch hilfreich sein, den Schuldbegriff zu streichen, so daß mehr Energie in die Veränderung des zukünftigen Weges fließt und weniger in die Selbstanklage und Reue.

### 24. Juni

...als wolle er unauffällig an Gott glauben (vielleicht aus Angst, Gott könne seinen Glauben ernst nehmen).

Irgendwo ganz tief oder weit innen habe ich doch ein Programm. Mein altes Ich will leben und läßt sich nicht verdrängen.

Gerade in der Einsamkeit, wenn er ganz bei sich sein konnte, verlor er sich, weil er spiegellos war. Dann zweifelte er, ob es die Person wirklich gab, die er kannte.

»Ich bin gekommen, das Opfer aufzulösen, und wenn ihr nicht abläßt zu opfern, so wird auch der Zorn Gottes nicht von euch ablassen.« So heißt es in einem apokryphen Jesuswort. Wir haben den Gott, den wir uns vorstellen.

### 25. Juni

Du zwingst mich zu wachsen. Und wenn ich es nicht mehr will, merke ich, daß ich es nicht mehr will, und das ist schon wieder wachsen: das Loslassen einer Selbsttäuschung.

Ich besuchte K. in einem Restaurant, wo sie Nachtschicht arbeitet. Sie verkauft Kaffee und Donuts. Es ist lustig, von ihr bedient zu werden, wo wir uns als Nachbarn fast täglich sehen. Es ist vier Uhr nachts, und hier sitzen Menschen, die noch auf sind oder schon wieder.

### 26. Juni

Ich werde wieder von einem Gedanken zu einem neuen Buch heimgesucht. Ich möchte mich mehr in die Gedanken und in das Leben Jesu eindenken, indem ich versuche, Selbstgespräche Jesu zu schreiben. Ich merkte, wie mir heute Gedanke um Gedanke kam – wieder ein neuer Versuch, dem nahe zu kommen, was Jesus wohl wirklich gemeint haben mag, was er für uns gewünscht hat. Ich will mich an ihn heranschreiben. Oder hat er vielleicht so anders gedacht, daß wir uns noch nicht einmal eindenken können?

### 27. Juni

Was ich nicht weiß, weiß ich nicht. Dafür lasse ich mir kein schlechtes Gewissen machen. Ich will lernen, was ich lernen will.

Ich bin wieder einmal in Monterey, Carmel, Point Lobos in Kalifornien – in der Landschaft, die mich immer wieder neu reizt, sie fotografisch zu gestalten. Ich spüre, daß es wieder Arbeit sein wird. Die Bilder werden sich nicht nur anbieten. Ich werde sie suchen müssen. Seit dem letzten Mal bin ich auch noch anspruchsvoller geworden.

Wie einsam ist es, in einer fremden Stadt in einem lieblos gestalteten Motel zu übernachten. Der Wandercharakter des Lebens geht mir neu unter die Haut.

Wenn es schlechtes Wetter ist (das heißt für mich flaches, kontrastarmes Licht), merke ich, wie ich gar nicht Fotograf sein möchte. Aber ich getraue mich immer noch nicht an gewisse Schreibprojekte heran. Habe ich Angst, mich selbst zu enttäuschen?

*29. Juni*

Ich fotografiere auf Point Lobos. Das Licht ist nicht günstig, und so gehe ich heute nur durch die Landschaft und sammle Motive. Acht Motive habe ich schon. Wenn morgen das Licht mitmacht, komme ich wieder und ernte.

Ich höre dem Bellen der Seehunde zu. Sie liegen auf den nackten Felsen im Meer. Beim Weggehen höre ich sie auch noch aus sechshundert Meter Entfernung. Was ihre Schreie wohl bedeuten?

Südlich von Big Sur (da wohnte Henry Miller) ist die Straße für etwa ein Jahr gesperrt. Die Natur hat zugeschlagen. Ein Erdrutsch hat alles blockiert. Ich muß einen weiten Umweg fahren, habe aber so die Möglichkeit, Neuland zu entdecken.

Die Taguntergangsstimmung über dem Pazifik, die ich hoch von einer einsamen Straße aus erlebe, möchte ich gern mit jemand teilen, aber ich bin allein. Auch das ist gut, weil die Landschaft anders spricht, wenn ich allein bin.

Heute 30 Schwarzweißfotos und 68 Farbfotos.

18 Schwarzweißfotos, 138 Farbfotos. Ich ernte das gestern Entdeckte.

Beim Klettern an einem verkarsteten Berg, um eine Pflanze zu fotografieren, denke ich: Das Samenkorn der Pflanze kennt nur ein Gesetz: irgendwo landen, sich an der Erde festhalten, aufgehen und wachsen. Nichts anderes zählt. Es ist gleich, wie schwer es scheint, wie abstoßend die Landschaft auch ist. Ich kann von dieser Entschiedenheit zu leben lernen.

*1. Juli*

80 Farbfotos, 30 Schwarzweißfotos.

Von Seaside, Monterey über Salinas, King City und dann auf der G14 zur Küste. Unterwegs fotografiere ich immer wieder Eichen und Felder mit wildem Hafer. Die Eichen haben Stämme mit über zwei Meter Durchmesser. Ihre Kronen sind gewaltig. Die Äste reichen beinah bis auf die Erde, die Rinde erscheint uralt. Immer wieder finde ich neue Bäume, die Kronen sind etwas anders, der eine Ast steht steiler, die Rinde ist rissiger. Nahe bei Jolon waren die schönsten Eichen.

*2. Juli*

Über San Simeon nach San Luis Obispo und Santa Maria.

Immer wieder Eichen gegen den tiefblauen Himmel.

Ich fahre einsame Straßen und kann gut denken. Zur Befreiung der Frau: Männer haben Frauen lange genug gesagt: »Warum wollt ihr Frauenrechte, wenn ihr doch Männer zweiter Klasse sein könnt?« Und viele Frauen haben geglaubt, daß das ein Fortschritt für sie wäre.

Ich bin ein Fremder in den USA. Ich höre einen Akzent in meiner Sprache. Er mag in Canada auch dasein, aber hier merke ich ihn.

Unterwegs durch die Berge Kaliforniens komme ich durch einen Paß in ca. 2200 m Höhe. Von der Seite der Straße fülle ich mir eine Literflasche, in der Grapefruit Juice war, voll mit Schnee. Er wird langsam schmelzen, und ich werde in den nächsten zwei Stunden immer kaltes Wasser zu trinken haben. Zur gleichen Zeit blühen in dieser Höhe die Yucca. Sie sehen aus wie eine Kreuzung zwischen Kakteen und Palmen. Ich versuche, sie aus der Froschperspektive zu fotografieren, immer wieder gegen den tiefblauen Himmel, den Himmel, den mir später dann manche nicht glauben. Eichen gibt es hier nicht. Aber hier gibt es Kiefern, die fast genauso bizarre Formen haben wie die Eichen der letzten Tage.

Etwas an mir wird primitiver. Das ist ein Fortschritt. Weg von der Verkopfung. (Ein Fortschritt für mich.)

*4. Juli*

Mein neuer Verlag hier in Palm Springs hat mir ein gutes Hotelzimmer reserviert. Vorübergehend mache ich den Lebensstil mit und beobachte mich dabei. Da liege ich in der heißen Sonne, gebrauche den Swimmingpool. Aber ich fühle mich wie ein Outsider. Wahrscheinlich ist es uncool, unter Wasser zu schwimmen, wie ich es so gern mache. Fast alles scheint Plastik zu sein.

Ich komme mit den Leuten im Verlag in gute Gespräche, aber was heißt gute Gespräche. Ich frage C., was sie bereit ist zu investieren, um ihren Traum von christlicher Gemeinschaft zu erreichen. Erst versteht sie meine Frage nicht. Es ist so leicht, theoretisch etwas zu wollen. Ich kenne das von mir.

*5. Juli*

Ich bin in den Sequoias, diesen Riesenbäumen. Der eine heißt General Sherman, existierte aber über 2000 Jahre vor dem General schon.

Alter: 2500–3000 Jahre
Gewicht des Stammes: 1256 Tonnen
Höhe: 83,8 m
Umfang: 31,3 m
größter Durchmesser: 11,1 m
Durchmesser 18 m über der Erde: 5,3 m
Durchmesser 54 m über der Erde: 4,3 m
Höhe bis zum ersten Ast: 39,6 m
Volumen des Stammes: 1486 Kubikmeter
Er steht 2100 m über dem Meeresspiegel.

»Man kann gar nicht richtig leben, man lebt nur in Vorstellungen«, fiel ihm plötzlich ein.

### 6. Juli

Ich sitze in einem goldigen kleinen Café in Mariposa in den kalifornischen Sierras. Die Waffel, die ich bestellt habe, ist so groß, daß ich sie kaum schaffe, und schmeckt so gut, daß sie meinen schlecht begonnenen Tag verbessert. Es ist erst halb elf, noch nicht zu warm, erst 27 Grad. Leichte klassische Musik kommt aus Lautsprechern. Das Café heißt »The Happy Medium« – Das glückliche Mittelmaß. Ich sitze auf einer Terrasse, die auf keinen besonders schönen Hinterhof führt, aber das macht nichts – ich sehe den tiefblauen Himmel. Mir geht auf, daß ich irgendwie mehr auf die Erde zurück muß. Dieses Restaurant, die Waffel, die Sonne, der Himmel verhelfen mir dazu. Grobe Holztische, Sirup auf der Waffel, am Nebentisch eine junge Frau, deren blonde Haare, als sie aufsteht, ihr bis in die Kniekehlen reichen. Die Wahrheit des Berührbaren, des Wirklichen!

### 7. Juli

In drei Stunden sind meine Dias entwickelt. 400 Stück von diesen Tagen. Obwohl viele gut sind, erlebe ich doch eine Art Enttäuschung, als würde ich noch etwas anderes erwarten als gute Bilder.

G. sagt mir, sie könnten hier in San Francisco leben, aber dann auch wieder nicht. Das kenne ich gut. Nirgends zu Hause und darum überall. Wir fahren kreuz und quer durch die Stadt, verfahren uns fast absichtlich und sind um 22 Uhr die letzten in einem japanischen Restaurant.

Ich bin fotografiermüde.

### 8. Juli

Ich war unerwachsen, aber wenn ich darauf geachtet hätte, erwachsen zu sein, wenn es also nicht »automatisch« und von innen gekommen wäre, wäre es auch nicht erwachsen gewesen. Erwachsen ist man nur, ohne darüber lange zu reflektieren.

Ich bin wieder zu Hause. Die Regelmäßigkeit ist etwas Schönes.

### 9. Juli

Er hat die Hände nicht frei. Er kann nicht nach dem Ergehen des andern fragen. Er kann nur überleben. Dafür ist ihm kein Vorwurf zu machen.

Wir reden nicht. Wir lassen das Geheimnis ruhen. Es könnte uns sonst trennen, weil es diesmal unausgesprochen sein will.

### 10. Juli

Die Müdigkeit trifft mich so, als käme sie aus einer anderen Welt. Dorthin werde ich entführt, ohne widerstehen zu können (wollen).

Alles, was den Ablauf der Zeit aufzuhalten scheint, ist Illusion. Und doch leben wir für diese Illusionen und könnten ohne sie die Schwere der verfließenden Zeit nur sehr viel schwerer ertragen.

### 11. Juli

Die Vorsichtigkeit ihrer Sprache brachte sie mir näher. Wer so nach Worten sucht, muß sanft sein!

Was würde ich nicht mehr tun? Wie würde ich wohnen wollen? Welcher Arbeit würde ich nachgehen? Wenn alles anders wäre.

Ich habe heute zwölf Schwarzweißfilme entwickelt. 144 Aufnahmen, in denen die Welt auf Grautöne reduziert wird. So hat sie einen besonderen Reiz.

### 12. Juli

Ich will mir weniger vornehmen, um mich nicht so unter Druck zu setzen mit meinen Enttäuschungen an mir selbst.

Eine 83jährige Frau besucht mich. Sie kennt einige meiner Bücher und möchte mich kennenlernen. Sie ist voller Leben. Ich schöpfe Hoffnung auch für das Alter.

### 13. Juli

Ich habe ein Riesenschlafbedürfnis. Laufe ich vor etwas weg?

### 14. Juli

Er wuchs zu seinem Gesicht hin – in eine Selbstannahme, in der seine Selbstbetrachtung nicht nur schmerzhaft war. Er mochte sich nicht mehr ablehnen. Er war dabei, Frieden mit sich selbst zu machen.

### 15. Juli

Die Richtigkeit der Sache spüre ich an meiner Entspanntheit. Wenigstens diesmal.

Einmal rächte sie sich mit Nähe, dann mit Distanz. In der Mittelentfernung hätte sie ihre Reife gezeigt.

Der goldene Mittelweg ist für die meisten etwas Extremes.

Momente nicht überbetonen. Sie hinten und vorne an die fortlaufende Zeit anschließen.

Würde sich bei dir etwas verändern, wenn ich meine Meinung ändern würde?

*16. Juli*

das funkelnde Zerfragen

Ich besitze einen Gedichtband, der zu meinen liebsten gehört. Er scheint viel zu versprechen, und so nehme ich ihn häufiger als andere zur Hand. Dann suche ich auf den Seiten nach mir. Aber nur selten finde ich mich wirklich. Vielleicht ist es die Aufgabe des Buches, mir nicht zu erlauben, mich zu finden. Vielleicht nehme ich es darum oft zur Hand, weil ich ein tiefes Bedürfnis habe, mich nicht zu finden, wenigstens nicht in Gedichten von Marie Luise Kaschnitz. Trotzdem werde ich jetzt den Band nehmen und mich zum x-tenmal an ihrer mutigen Sprache freuen.

Er hatte Angst vor der Zeit, wo der Vater die Tochter verläßt und seinen eigenen Werten nachgeht und wo trennende Welten zwischen ihnen wachsen werden. Und gerade diese Angst trennte sie zu früh.

»Wenn ich etwas aus dem Neuen Testament gelernt habe, dann, daß die Wahrheit in der Liebe impliziert ist und daß sie nicht neben ihr besteht, daß der wesentliche und notwendige Ausdruck aller Gesellschaften, die die christliche Wahrheit neben der Liebe haben bestehen lassen, die Inquisition ist« (Sölle, Das Recht ein anderer zu werden).

Wie oft ist die Suche nach dem gekreuzigten Christus bereits die Flucht vor dem gekreuzigten Christus im andern.

*17. Juli*

Ich bringe einige Stunden auf dem Vancouver International Folk Festival zu. Musikgruppen aus allen Völkern tragen in vielen Stilen vor. Ich bin mit meiner Kamera gekommen und merke, wie ich mich wie ein Outsider bewege. Es gibt sechs Bühnen unter Zeltdächern. Die Zuhörer lagern auf großen Grasflächen. Ich klatsche nicht im Rhythmus mit, tanze nicht, sondern beobachte, bin irgendwie einen Schritt entfernt und erinnere mich an Begebenheiten aus meiner Jugend. Auch da gab es manchmal diese Trennung, und sie existierte, weil ich »Christ« war. Als wäre ein Christ jemand, der nicht mitmacht. Und um damit innerlich fertig zu werden, mußte man das »Nicht-Mitmachen« im stillen in ein »Besser-Sein« umwandeln. Und so sind Christen bessere Menschen.

*18. Juli*

Diese Gabelungen im Leben, wenn man zurücksieht. Überall gibt es zwei Wege, und die führen beide zu jeweils zwei weiteren Wegen und so weiter. Dagegen wirkt die Gegenwart mit dem Punkt, wo ich stehe, fast simpel, aber ich bin hier wegen der vergangenen Gabelungen. Ich bin ein Resultat meiner Entscheidungen.

*19. Juli*

... als wäre das vorsichtige Aufbauen des inneren Verständnisses nicht geglückt. Der Außendruck war zu groß.

Ist es möglich, jemand das innere Leben zu retten?

An dir lerne ich meine Begrenzungen erkennen.

Das sind Gesichter, die wiederkommen. Das sind Gesichter, an denen ich wachsen muß. Die Gesichter stehen für fremde Welten, aber ich bin nicht der flotte Abenteurer auf Safari, sondern der schwerfällig Reisende.

*21. Juli*

Ich kann nie Wiederholungen von dir verlangen. Du hast immer das Recht, ein neuer Mensch zu sein.

Wir tauschen aus, was in den letzten Wochen geschehen ist: ob das Leben überraschende Wendungen genommen hat, ob sich irgendwo *der* Weg aufgetan hat, *das* Wort gefallen ist, *die* Formel gefunden wurde. Das fragen wir natürlich nicht explizit, wissen aber, daß es hinter jeder Frage steht.

*23. Juli*

Wieder einmal bin ich am Überlegen, ob »Gewissensbisse« etwas sind, was loszuwerden oder was wegweisend ist. Beiße ich zurück, oder lasse ich mich beißen? Führt das »Gebissenwerden« zu tatsächlicher Veränderung, zum Erwachsenwerden, oder nur zum schlechten Gewissen, zu Schuldgefühlen, die hemmen?

*24. Juli*

»Ich rette dich, indem ich dich erst gar nicht die Fehler machen lasse, aus denen ich dich dann retten müßte.« Das war sein feiner Mord am andern. Aber für diesen Mord kannte er keine Schuldgefühle. Er nannte es Liebe.

Da, wo sich alles schließt, tun sich die Türen ins Nichts auf. Aber *das* Nichts ist anders, als wir gelehrt wurden. Es ist das Nichts in der Mitte, nicht das Nichts des Randes. Es ist das Auge des Sturms.

*25. Juli*

Jesus, du bist der Wind in den Halmen, meine Gedanken sind die Halme.

Ich bin wieder einmal zu Besuch bei meinen Eltern. Ich stöbere durch all die Dinge, die ich ihnen im Laufe der Jahre geschenkt habe. Unter anderem ist da ein handgemachter Gedichtband, mein erster von vielen, in den ich vorne eine Art Widmung schrieb: »Wer dem Leben sein Inneres mitteilt, der wird nicht so schwer vom Leben gedrückt.« Ich war damals 18. Ich weiß noch, wie ich den Gedichtband gemacht habe in meiner kleinen Studentenbude, 2,50 m x 2,50 m, in der ich kochte, malte, schrieb und auch studierte.

Ein kostbares Gespräch: Meine Mutter, 76jährig, erzählt meiner Tochter, 14jährig, von den Mißhandlungen, die sie im Krieg erlebt hat, von dem Horror des Krieges, und ich merke, wie die Jüngere die Ältere mehr und mehr in sich aufnimmt. Ungeplant ist das Gespräch über uns gekommen. Es ist nach Mitternacht. Wir sitzen und stehen da, wo wir begonnen haben. Der Kleinkram ist verschwunden.

### 26. Juli

Was sie so schockierte, war, was sie so erfolgreich in sich verdrängt hatte. Wenn sie doch sehen könnte, wie sie sich damit über sich selbst entrüstete!

Die verschiedenen Einsätze, die zu leisten sind, um ein gutes Gespräch zustande zu bringen.

Ich kenne deinen Weg nicht. Auch wenn ich dich liebe. Das zu sagen ist ein Glaubensschritt.

### 29. Juli

Ich gehe mit S. in den Film »Return of the Jedi«. Luke Skywalker muß seinem Vater begegnen, erst dann kann er wirklich frei sein. Je stärker der Vater ist, desto beängstigender ist es, ihm zu begegnen. Aber es ist nötig. Daß dann der Vater sein Leben für den Sohn einsetzt, ist auch »richtig«. Einer rettet dem anderen das Leben. Die Liebe gibt auch das Böse nicht auf. Sollte Gott weniger Interesse an Luzifer haben als Luke Skywalker an Darth Veder?

Ich sehe mir das Musikprogramm »The Midnight Special«
im Fernsehen an. Die Zuhörer, Zuschauer des live-Program-
mes versuchen die verschiedenen Starsänger mit ihren Händen
zu berühren. Es erinnert mich an die sogenannte blutflüssige
Frau, die Jesus nur anrühren wollte, um heil zu werden. Aber
was erwarten diese Fans?

*31. Juli*

Die Unlösbarkeit der Fragen wie eine Einladung zu wachsen annehmen.

Die Freiheiten könnten uns überholen, sich vor uns werfen
und uns zu Fall bringen. Auf diese Freiheiten zu verzichten ist
darum, den Weg in die Freiheit, auf die ich keinesfalls verzichten will, zu wählen.

Sind das Strohfeuer, sind das Strohfeuer, sind das Strohfeuer? frage ich mich immer wieder und meine zu merken, daß
die Strohfeuer weniger geworden sind in den letzten Jahren und
darum die anderen Feuer häufiger werden konnten.

Noch haben deine Augen ihre Verletzbarkeit nicht gefunden. Sie müssen sich auch Zeit lassen.

*1. August*

Verletzungen: das Realisieren von Diskrepanzen. Wachs-
tumschancen.

In Erika Pluhars Tagebuch lese ich: »Gestern auf den Stufen
sitzend: Mein schönster Liebhaber ist die Sonne. Hingabe ohne
Verlangen.« Ich denke wieder daran, wieviel doch unser Erwar-
tungsdruck zerstört. Wir können nicht einfach gewähren lassen.

Du bist unsterblich, laß dir Zeit.

sterblich sein, um menschlich zu sein

Ihr höchstes Kompliment für jemand ist, daß er/sie »lieb« ist. Dahinter steht ihre Angst, nicht lieb genug zu sein.

»Er suchte nach Menschen und Dingen, die ihn verurteilen würden. Es war sein Bedürfnis, verlorenzugehen, um sich dann retten zu können.«

Hier wird nach allen Erlebnissen die Sehnsucht doch immer der letzte, menschliche Zustand sein.

Wie ich vorbeuge, um den andern mir gegenüber gütig zu erhalten. Das Vorbeugen kann dann fast eine Lüge sein.

Ein wirklich erwachsener Mensch dürfte mich ganz durchschauen. Ich wüßte, daß er verstehen würde. Vor einem unreifen Menschen muß ich allerhand verbergen, weil er zuviel mißverstehen würde. Darum ist das Verstecken eine indirekte Anklage an die Mitbürger und ihre Unreife. Die wiederum nennen es Geheimnistuerei.

Ich steige auf meinen letzten Gedanken. Unter ihm sind tausend andere. Da stehe ich auf dem Turm der Gedanken und bin frei. Ich kann sie alle verlassen, wenn ich will. Ich kann etwas Neues denken, etwas ganz anderes. Ich habe noch genug Beweglichkeit im Gehirn. Vielleicht nenne ich Gott »Mutter«, weil ich weiß, daß alle Bezeichnungen nur Bilder für Gott sind und nicht Gott selbst. Oder ich stelle mir vor, daß mein Herzschlag Gottes Herzschlag ist. Oder ich werde ein Stein von unendlicher Schwere. Oder ich öffne eine Tür und bin bei Gott.

Oder ich höre Farben. Auf alle Fälle akzeptiere ich nicht das bisher Gedachte als meine Denkgrenze. Aber um das alles tun zu können, hilft es mir, zu glauben, daß Gott mein Denken mag. Daß er auch denkt und wir in seinem Bild geschaffen sind. Gott, ich habe mich zu dir hingedacht, nicht von dir fortgedacht. Und du denkst dich zu mir hin. Wir treffen uns im Denken.

Er wurde stiller, damit man ihn besser hörte.

Du wirst den Weg finden. Und wenn du ihn nicht findest, ist das dein Weg. So hast du ihn doch gefunden. Daß er nicht so ausgetreten ist, macht doch nichts. Auch eine steile Felswand ist ein Weg. Man muß ihn nur anders gehen. Manche Wege sind fast unbegangen.

### 6. August

Wir sprechen von Seelenhygiene, von dem Reinigungs- und Verarbeitungsprozeß der Seele und von der Zerstörung, wenn diese Prozesse nicht ernst genommen werden. Verdrängung als die große Blockade in diesem Rhythmus.

Authentisch sein. Sich mit sich selbst identifizieren.

### 7. August

Diese Eltern nehmen die Reaktion ihres einjährigen Kindes durch gewisse Töne und Worte vorweg und reduzieren so die Wahl und die Optionen des Kindes. Sie lachen, wenn das Kind fällt, um das Kind vom Weinen abzuhalten. Sie lachen also »für das Kind«. Sie führen es vom Weinen weg. Es entscheidet sich nicht selbst, nicht zu weinen. Es ist durch ihre Liebe »gefangen«. Das Kind weint dann manchmal trotzdem, aber aus einem ihm unbekannten Grund. Es ist eine Form von Selbstentfremdung.

das Kämpferische mancher Worte

## 8. August

Ich lese von einem Contergankind, einem Mädchen, das, wenn es in Feierstimmung ist, sich die Fingernägel lackiert, die an zwei Fingern direkt aus der Schulter wachsen.

Auch die Verletzungen, die du mir zugefügt hast, will ich nicht sammeln. Sie loslassen und diesen Tag neu beginnen.

## 9. August

Peter Watkins Film über Edvard Munch, den norwegischen Maler, ist selbst wie ein verhaltener Schrei. Das Leben ist wie eine stille, langsame Quälerei. Die Liebe könnte erlösen, aber es ist schwer, zu wissen, wie mit ihr umzugehen ist. Und so bleibt das Leben in ein tristes Blau gehüllt.

Wie er das Einordnen gelernt hat, damit ihm nichts zu nahe kommt.

Die Leere, wenn Künstler über Kunst sprechen, als wäre sie getrennt vom Leben.

## 10. August

Bei ihm stellte sich eine Müdigkeit ein, seine Sehnsucht aufrechtzuerhalten.

Auch wer die Leidenschaft schlecht macht, ist nicht sicher vor ihr. Sie gehorcht Worten und rationalen Gedankengängen nicht. So manche Verdrängung hat sie noch stärker gemacht.

## 11. August

Leichtathletikweltmeisterschaften in Helsinki. Fast ist es mir egal, wer gegen wen läuft und von welchen Ländern sie stammen. Jeder Wettkampf ist Sinnbild fürs Leben, und das fasziniert mich. Jede Disziplin hat ihre möglichen Fehler, so wie das Leben. Zu lange mit dem Endspurt warten, ein zu schnelles

Tempo vorlegen, eine Höhe auslassen und dann die nächste reißen, im Dreisprung den ersten Sprung zu groß ansetzen und
sehen, wie die zwei folgenden dementsprechend kleiner werden, beim Hammerwerfen den Moment des Loslassens nicht
beherrschen, im Weitsprung die Beine bei der Landung zu weit
nach vorn strecken und dadurch zurückfallen, im Langstrek-
kenlauf mit dem Aufgeben spielen, bei der Staffel das Abgeben
der Stafette nicht meistern. Das sind alles Bewegungen aus dem
Leben. In jeder Disziplin sehe ich ein Stück meines Lebens.

### 12. August

Jeder Tätigkeit ihren eigenen Wert beimessen. Sie um ihrer
selbst willen tun. Was für eine schleichende Entwertung wir
doch einführen, wenn Tätigkeiten Mittel zum Zweck werden
(die Not vieler Frauen mit der Zärtlichkeit vieler Männer).

### 13. August

Auf Unklarheiten zugehen. Sie herausfordern, klarer zu
werden.

### 14. August

Er zuckte unter den Worten zusammen, aber ihr Schweigen
hätte ihn viel mehr geschmerzt.

»Immer mehr wurde das Leben zu einer Messerschneide,
auf der er zu existieren meinte. Es war ihm, als könnte jeden
Moment alles zusammenbrechen, und gleichzeitig wußte er in
einer ruhigen, seltsamen inneren Gewißheit, daß er in den Jahren der Spannung und des Wachsens gelernt hatte, viel zu vertragen, ohne zusammenzubrechen. So mutete er sich mehr zu
und stand fest (aber doch noch mit Angst).«

Es fiel ihr leichter, ein ganzes Repertoire »anderer« zu sein,
als sie selbst.

»Lianne«: ein Film voller Klischees und mit dem Versuch,
Tiefe zu erreichen. Aber die Tiefe war nur so tief wie die, die

diesen Film konzipiert hatten. Sie wollten tiefer wirken, als sie waren. Das gelingt nur vor Leuten, die auch getäuscht werden wollen.

### 15. August

Er ist ein Mensch, den ich mir nicht pfeifend vorstellen kann.

Als er aufhörte zu wünschen, begann er zu sterben. Aber er fand es eine Leistung, sich so zu verneinen.

### 16. August

Wenn der Körper versagt, wächst unsere Hoffnung, daß sich das wirklich Wichtige nicht nur im Körper abspielt.

Du machst gegenüber das Fenster auf. Du löst die Wolken über mir auf. In dem Buch bist du auf Seite 114. Der Ortsname kommt aus deinem Mund. Zwischen den Worten tust du dich auf.

### 17. August

Sie sprach dann lauter, weil für sie lauter auch froher war. So setzte sie die andern unter Druck, froher zu werden.

Wenn ich müde bin (wie jetzt), haben weniger Menschen Platz in meinen Gedanken.

»So demütigt euch unter die gewaltige Hand Gottes«, heißt die Losung für heute. Ich höre in mich hinein, ob ich das nötig habe, ob mir das in meiner Beziehung zu Gott fehlt, und höre ein »Nein« in mir. Angst trennt mich von Gott, nicht fehlende Demut. Vielleicht lebte Petrus auch in einer gewissen Angst, wählte aber die andere Lösung: Gott gütig stimmen durch Unterwerfung. Ich glaube nicht, daß Gott unsere Demut nötig hat, um seine Allmacht zu erleben. Demut ist darum oft die Entschuldigung, profillos zu leben.

Ich besuche mit W. ein Geschäft, das Stein, besonders Marmor, verkauft. Ich bin ganz überwältigt von der Vielfalt der Steine, ihrer faszinierenden Maserung, ihren Farbtönen, der Welt, die sie in sich tragen. Ich würde gern einige dieser Steine besitzen, nur um sie ab und zu zu halten.

Beim Hausbau: Jetzt schwebt mein Studierzimmer über dem restlichen Haus, und ich nehme schon jetzt Besitz von ihm.

*20. August*

Ab und zu gibt es Momente, da fallen die Grenzen ab, da trete ich in eine berauschende Freiheit, die ich dann gar nicht ausnutzen will. Um sie zu wissen reicht schon.

Zwischen Momenten tun sich lange Zeitabschnitte auf, aber sie existieren wie in einer anderen Welt, zu der ich nicht gelange.

*21. August*

Ich habe Hemmungen, aus dem Alltäglichen etwas Ungewöhnliches zu machen, indem ich es wahrnehme und aufzeichne. So verliert es die Freiheit seiner Anonymität.

schon das eigene Dasein als Lob Gottes verstehen

*22. August*

die Reihungen von Schweigen
von suchenden Worten
dieses Auflösen des Widerstandes
diese vorbereitende Liebe
diese vollen Momente zwischen den Handlungen

So engagiert wie Mozart, unser Kater, sich wäscht, möchte ich bei vielem sein.

Ein Tonband von W. mit der Nachricht: Es geht weiter! Auch die verschlossenen Türen sind Weiterführungen, weil sie eine beredte Sprache durch ihr Verschlossensein sprechen. Es ist schwer, aber es geht weiter.

Es gibt sehr wenige, die den Weg des Erwachsenwerdens wirklich einschlagen und durchhalten. Am häufigsten ist das Zur-Ruhe-Setzen, dieses Heimatfinden vor dem Ziel. Und das Ziel ist immer der Tod und drüber hinaus. Darum ist jede Heimat immer nur Ruhepause, nur Zwischenziel.

Ein Zwanzigjähriger ist kein besonders guter Sechzehnjähriger. Er ist ein anderer. Er ist ein Zwanzigjähriger. Mir scheint, als würden viele sich üben, in *einem* Alter Experten zu werden. Sie wiederholen immer noch einmal eine Phase ihres Lebens. Sie werden alt über dem immer besseren Sechzehnjährig-Werden.

### 23. August

Sie reden über Sünde, als ginge es in erster Linie um Sünde oder um das Sündlos-Leben. Sündlos leben ist darum zum Selbstzweck geworden. Auf eine sehr unerwachsene Art wird Gott dann anthropomorphisiert, indem man sagt, er würde traurig, wenn wir sündigten, so wie Mutti traurig wird, wenn der Kleine böse war. Dabei geht es doch bei der Sünde um das Blockieren des Lebens. Das Leben ist also Endziel. Gott wünscht, daß wir nicht sündigen, weil wir uns damit das Leben nehmen. Vielleicht ist für viele Christen das Sündlos-leben-Wollen die größte Blockierung für ihr Leben. Ganz neu müßte der ganze Sündenbegriff betrachtet werden.

Wenn ich über deine Freiheit wache, bleibe ich selbst frei.

eine insel
mitten im meer

ein gedanke wie boden
in der endlosen freiheit

dich in der veränderung
von mir weg
zu mir hin

nur verankert
in der spannung

Das Gedicht von gestern schien mir noch nicht fertig zu sein. Es war noch nicht das, was in mir war. Heute schreibe ich es um und komme dem Inneren näher.

eine insel
mitten im meer

festland
in der gedankenflut

das auge
im sturm

bist du

in täglicher veränderung
von mir weg
zu mir hin

insel erde und auge
verankert in der spannung
der liebe

Er trieb Worte wie Keile in die Lücken, die die Liebe nicht ausgefüllt hatte.

Sie »haben« die rechte Lehre. Sie wahren sie, verpacken sie, geben sie weiter, sie sind Hüter und Wächter. Unsereins will nur leben, und das verstehen sie nicht.

Vorsichtig verläßt er seine Haut und schlüpft in die des andern. So sieht er, was dem andern heimisch ist: Licht und Schatten, Reize, Einschläferndes und besonders die unsichtbaren Angstmacher, die direkt durch die Seele eindringen – ungesehen und darum desto stärker zu spüren.

Ach du, laß doch deine kaputten Tage los. Ihre Macht *war* groß genug. Was glaubst du jetzt?

*27. August*

An Bord einer Fähre. Man ist fast drei Stunden unterwegs. An Deck nimmt man sich ein Buch vor, liest aber nur eine halbe Seite und sieht sich dann die Menschen im Kommen und Gehen an. Da merkt man, daß man die halbe Seite nicht wirklich gelesen hat. Es ist nicht die Zeit zu lesen. Aber was sucht man? Was wünscht man? Will man in dem Buch den Kontakt finden, den man unter so vielen Fremden an Bord nicht findet? Sucht man das Glück in seiner unscheinbaren Gestalt? Wo bist du, Glück?

*28. August*

Du wartest darauf, das Leben, das du in dir spürst, zu leben. Die Bedingungen sind alle noch nicht richtig. Zuviel von diesem, zuwenig von jenem. Aber du glaubst weiter, daß eines Tages die Bedingungen erfüllt sein werden, und dann wird das Leben, von dem du geträumt hast, diesem bunten, überfließenden, diesem dir ganz eigenen, dasein. Und dann wird sich zu deiner Überraschung schon nach kurzer Zeit ein noch tieferes Leben in dir melden, und die Sehnsucht wird neu beginnen.

*29. August*

mir die Fähigkeit, Liebesgedichte zu schreiben, erhalten

Ganz bewußt hat sie den Weg in die Oberflächlichkeit gewählt, um sich zu schützen. Ob sie es durchhalten wird, eine Seite so in sich absterben zu lassen? Sie sagt, sie hätte es gemacht, weil sie nicht ständig von jemand bekehrt werden will. Jetzt verweigert sie sich einfach tieferen Gesprächen. Sie meint, es sei ihr Weg zurück zu ihr selbst.

Wie wir die Fragen gebären, wenn es darum geht, etwas Unrettbares zu retten. Die einzige Rettung ist, es verlorengehen zu lassen. So kann es gerettet werden im Moment des Loslassens.

Wie unsere Bedürfnisse unsere Sicht bestimmen! Je mehr ich etwas brauche, desto schmerzhafter sehe ich, daß ich es nicht habe.

### 31. August

...daß du noch wirklicher wirst und mir alle Bilder von dir entreißt. Nur das Wirkliche wird letztlich überleben. Je länger wir an der Illusion festhalten, desto zerstörerischer wirkt sie.

### 1. September

Er wird von dem »Wir« gehalten und kann so nicht zum »Du« finden.

### 2. September

Unser Gespräch führt in einem fatalen Kreis. Wir sind festgefahren, hilflos. Eine zusätzliche Gefahr kommt jetzt vom inneren Angebot, aufzugeben. Die Gründe stellen sich schon an wie eine Schlange Bewerber. Sie wollen mir helfen, mich zu schonen, ich aber weiß, daß das Aufgeben schon der Anfang des Todes ist, der sich im Unberührtsein tarnt.

### 3. September

Die Sprache zwischen ihnen konnte nicht mehr verbinden. Sie gab die Illusion der Verbindung.

Im Reden bildeten sich Wege zu dir. Reden war Glauben. Jedes Wort war ein Bekenntnis.

127

### 4. September

das Ahnen ernster nehmen, es verfolgen und nach Mustern suchen

### 5. September

Er zögert, sich zu entscheiden. Er hat Angst, einen Fehler zu machen. Diese Prägung gehört zu dem Tiefsten in ihm. Sie überrollt ihn wie eine Flut. Da stand der Zögernde, der Fehlerlose, Unbewegliche.

Der Namenlose hatte gehört, daß irgendwo sein Name zu finden sein sollte. Allen sagte er: Ich suche meinen Namen. So nannten sie ihn bald den, der seinen Namen sucht. Später kürzten sie es ab und nannten ihn nur den Sucher. Erst nach Jahren ging ihm auf, daß er sich durch seine Tätigkeit selbst einen Namen gegeben hatte. So fand er sein Glück.

Ich fühle mich wohl in meinem Körper. Beim Tennis gelingen mir gute Aufschläge. Es ist schön, wenn sich das, was ich denke, auf den Tennisschläger überträgt.

### 6. September

»Gott wohnt neben mir.« So fängt meine neue Geschichte an. Dann nehme ich das Wort »Gott« weg und ersetze es mit »Er«. Dadurch wird er allgegenwärtiger.

Zu gewissen Zeiten reckt er seinen Oberkörper und läßt ihn irgendwie steif stehen. Das ist seine Form, anzugeben und sich zu produzieren. Er gibt dann mit seinem Sein an: »Staunt mich an, es gibt mich!« Er wirkt dann albern.

### 7. September

Sie lehnt sich auf gegen den schleichenden Tod, gegen das Establishment, und sie ist bereit, sich zu gefährden, um zu leben. Sie fühlt sich nur lebendig, wenn sie auf der Grenze lebt. Wir dürfen sie nicht zurückhalten. Auch wenn sie sich schadet. Sie ist 19.

Wir rennen uns die Köpfe ein, um für G. ein Visum in die USA zu beschaffen. Vor uns steht immer wieder eine Uniform, die redet.

## 8. September

Er hatte es nötig, aufzugeben, zu allem Stellung zu nehmen. Es hatte ihn oberflächlich gemacht, weil er Stellung nahm, ohne die Stellung zu fühlen. Nur sein Kopf bezog eine Stellung.

## 9. September

G. wird wieder an der amerikanischen Grenze abgewiesen. Wir versuchen es ein fünftes Mal. Für sie hängt viel daran, weil sie sonst ihren Rückflug nach Z. nicht antreten kann. In den gespannten Momenten merke ich in mir die Tendenz zu beten, Gott zu bitten, daß alles klargeht. Ich verweigere mir diesmal das Gebet. Heute wäre es eine Art Unglauben, daß Gott nicht alles wirklich in der Hand hat. Ich muß ihn zu etwas bewegen. Ich bete nicht und übe mich, eine Haltung zu haben, die Gott ergeben ist, die auf den Rhythmus achtet. Ich will mein Sein beten lassen.

## 10. September

Er konnte die Täuschung so lange durchhalten, daß sie beinah Wirklichkeit wurde. (Wer sagt denn, was Wirklichkeit ist?) Man könnte es eine Form von Glauben nennen.

## 11. September

Ich müßte mehrere Leben leben können oder mehrere Menschen zur gleichen Zeit sein können, um meinen Ansprüchen an mich selbst gerecht zu werden. Aber was soll das? Ich will erwachsen werden, mich auf weniger beschränken und so tiefer gehen.

*12. September*

dem andern Einblick in meine Kämpfe gewähren

*13. September*

Tennis: Ich spiele fast jeden zweiten Tag mit M. Was mich daran reizt, ist, daß man mit jedem Aufschlag neu anfangen kann. Jeder Schlag ist von Erwartung begleitet. Jeder Fehlschlag trägt schon neue Möglichkeiten in sich. Wo habe ich sonst im Leben die Chance, einen Fehler schon Sekunden später neu anzugehen?

*14. September*

Im Libanon erscheint alles immer hoffnungsloser. Als wären der Haß und die Rache doch unüberwindbar und zum Menschen zugehörig.

das Verlernen des Sich-begeistern-Könnens/der souveräne Umgang mit der Mittelmäßigkeit

*15. September*

Ich gehe trotz meines Ärgers auf ihn zu und merke, wie ich mich verwandle. Er natürlich auch, weil er schon meinen Ärger erwartet hat.

Ich verweigere mich dem Festhalten, dem Umdrehen und Hin- und Herbewegen des Zerstörerischen in mir.

*16. September*

Ein großes Projekt, an dem ich lange gearbeitet habe, ist von einem Verlag abgelehnt worden. Ich habe es schon geahnt und nehme die Nachricht gelassen auf, aber enttäuscht bin ich doch. Wie schon so oft frage ich wieder, was es wohl mit Nordamerika auf sich hat.

»Er empfand es dann als seine Pflicht, beleidigt zu sein (beleidigt zu wirken). So hatte er gelernt, anzuklagen.«

Man erlaubte ihm das Verbotene gerade zu dem Zeitpunkt, als er es sich verbieten wollte. So wurde er vom Erwachsenwerden abgehalten.

### 17. September

Er bewegte sich überall, als gehöre ihm alles, und die, die mit ihm waren, schienen (unbewußt) diese Inbesitznahme zu akzeptieren. Der äußere Ausdruck für seine Haltung war sein lautes Reden.

Gott, ich will die Kinderschuhe in meiner Beziehung zu dir verlassen, spüre aber die Angst vor meinem Bild von dir, auf das ich zugehe.

Kaum ein Tag vergeht, an dem ich mich nicht glücklich schätze, schreiben zu können, zu dürfen.

### 19. September

»Selig sind, die reines Herzens sind, denn sie werden Gott schauen«, sagt Jesus. Das ist keine moralische, ethische Aussage, sondern die Aussage über eine Herzenshaltung. Das »Gott schauen« ist nicht Belohnung für korrektes Leben, sondern reines Herzens sein ist identisch mit Gott schauen.

### 20. September

Er hatte es sich angewöhnt, durch gewisse Bewegungen, kombiniert mit Schweigen und halbfertigen Sätzen, aus denen Leiden sprechen sollte, die anderen zu zwingen, ihn hervorzulocken. Den »Gezwungenen« waren noch nicht einmal die Handlungen und Worte das wirklich Widerwärtige, sondern der Anschein der gedankenlosen Gewöhnung, der unbedachten Wiederholung. Daraus erwuchs ihr Widerstand und ihre Abneigung.

»Wer Gott verteidigt, hat ihn bereits verlassen, verloren«, lese ich bei Kurt Marti. Ihn nicht zu verteidigen ist darum unsere überzeugendste Aussage über ihn und auch über unseren Glauben an ihn.

In einer neuen Meditation versuche ich heute mein Wachsen Gott gegenüber auszudrücken:

Ich will nicht mehr betteln.
Diese Erniedrigung paßt nicht
zu einem Sohn Gottes.
Ich will mich nicht verurteilen
wie einer, dem es immer um Schuld geht
und nicht um Wachstum.

*22. September*

Nur das Erleben von Grenzen läßt uns stark genug werden für das Grenzenlose.

*23. September*

... die Luftmaler, die keine Fehler machen und deren Bilder bunt bleiben – ihnen gehört die Welt. Wer will sie ihnen nehmen?

Meine müde Phantasie – sie verläßt immer wieder die Bilder und wird vorhersagbar.

Es gibt Wege, die immer zu lang sind.

*24. September*

Ich habe mich trainiert, zu Schlüssen zu kommen und etwas aus dem meisten zu machen. Aber tue ich dabei nicht manchem Gewalt an?

Heute ist ein Tag, an dem die Erde selbst nach Wärme zu suchen scheint. Es ist nicht die Kälte, die bedroht, sondern die letzte Schutzlosigkeit des Menschen vor allem.

Ich starte Versuch um Versuch, um in dieser Gesellschaft zu etwas zu finden, das uns über den small talk hinausführen könnte. Aber auch das Ernsteste geht in dem Gelächter der Witzemacher unter.

Er hört nach allen Richtungen, ob nicht hier oder da etwas über ihn gesagt wird, was er schon weiß.

Mir darf etwas über sein.

*26. September*

Auf meinem Fußboden sammelt sich all das, was ich nach Europa mitnehme. Hauptsächlich Papier, Fotos, Texte. Das bin ich. Morgen fliege ich.

Heute wurden die ersten Fenster ins neue Haus eingesetzt. Es wird jetzt ein Heim.

Ich schreibe einem Mann, der Tischler ist, daß ich seine Sensibilität schätze, und merke, wie ich mich mit solchen Aussagen von der nordamerikanischen Norm fortbewege.

Wir haben über Träume geredet, nur kurz und sehr allgemein. Und doch hat damit schon jemand Mühe. Ich spüre, wie ich dem Wachstum anderer nicht mehr nachhelfen will, wenigstens nicht gegen ihr Wehren.

*27. September*

Irgendwo über dem Nordatlantik: Der Hang, die »letzte Wahrheit« zu sagen/schreiben/fühlen – nicht die vorletzte, nicht die Wahrheit von früher, sondern die Wahrheit, die uns befreit, noch einmal nach der Wahrheit fragen zu müssen, *die* Wahrheit suchen wir. Wir wollen also frei von der Frage werden. Die unbeantworteten Fragen empfinden wir als Bedrohung. Aber die Bedrohung geht von unserer Angst vor der Schuld aus – der Schuld, »falsch« zu leben. Die moralische Gestalt der Kirche durch die Jahrhunderte hat maßgeblich dazu beigetragen, daß wir uns mit der Richtigkeitsfrage befassen. So ist die Kirche in vielen Fällen nicht Verbündete des Menschen auf der Suche nach Leben gewesen, sondern Beängstigerin. (Ich habe gerade eine kirchliche Stellungnahme zur Schwangerschaftsunterbrechung gelesen. Der einzelne in seiner Situation zählt weniger als die allgemeine, offizielle Position.)

»Volles Leben heißt volle Hingabe an jede Art von Tätigkeit. Es spielt dabei keine Rolle, ob diese Arbeit ein Gespräch mit einem Freund, Kindererziehung, Zuhören, Malen oder irgend etwas anderes ist«, lese ich bei Wilhelm Reich (Christusmord). Das erinnert mich an Kierkegaards Aussage: »Die Reinheit des Herzens ist, nur eins zu wollen.« In beiden Gedanken geht es um das Sich-Geben, sich selbst also loslassen zu können.

### 29. September

»You need not, and in fact cannot, teach an acorn to grow into an oak tree, but when given a chance its intrinsic potentialities will develop. Similarly the human individual given a chance, tends to develop his particular human potentialities« (Karen Horney, Neurosis and Human Growth). – Man braucht und kann einer Eichel nicht beibringen, zu einem Eichbaum zu werden, aber wenn die Eichel die Möglichkeit hat, wird sie ihr inneres Potential entwickeln. Ähnlich geht es dem Menschen. Wenn er die Möglichkeit hat, neigt er dazu, sein besonderes menschliches Potential zu entwickeln.«

### 30. September

Wenn sich das Gespräch immer mehr festläuft, dann suchen wir nach Verletzungen, die wir zufügen können und die uns zugefügt wurden.

Ich suche nach Wegen, etwas in mir klarwerden zu lassen, und ich glaube, daß jeder Schritt in eine größere Weite und Tiefe führt – also vorwärts und nicht zurück. Aber gefühlsmäßig glaube ich es nicht.

### 1. Oktober

Ich schreibe mich zu einer Klarheit hin, nicht von einer Klarheit her.

»Er stürzte sich mit Vehemenz in die Entleerung der Inhalte, die sein Leben bestimmt hatten, in der Hoffnung, er könne nur über die völlige Leere den Weg in ein neues Leben finden.«

Ich bin in einem fremden Land. Ich bewege mich lautloser, als könnte ich die Einheimischen verärgern, wenn ich es nicht täte.

### 2. Oktober

Ich erlebe die elende Versuchung bei jemandem, der mit Worten umgehen kann: Er glaubt sich selbst zu schnell, weil er gutklingende Worte gefunden hat.

### 3. Oktober

In unserem Zweier-Gespräch sind noch andere anwesend. Lautlos sitzen sie um den Tisch, aber sie reden. Zuweilen muß wohl mein Gesicht über das Gesicht eines anderen rutschen und sie beide eins werden. Dann spüre ich, wie du, wenn du mich ansprichst, eigentlich jemand anders meinst.

Mit deiner Heftigkeit prüfst du unbewußt die Belastbarkeit unserer Beziehung.

### 4. Oktober

Ich vernachlässige, was schon von andern vernachlässigt wurde. Ich lasse verfallen, weil auch andere sich schon nicht darum gekümmert haben. Ich bin in einem billigen Hotel in Italien.

### 5. Oktober

In den Steinbrüchen von Carrara. Seit 2500 Jahren wird hier der herrliche Stein abgetragen. Irgendwo ist ein Loch, das der Marmorblock, aus dem Michelangelo den David gehauen hat, hinterlassen hat.

### 6. Oktober

Sich aus etwas »hinausleben«, indem man es »durchlebt«.

### 7. Oktober

wagnismüde
reisemüde
entscheidungsmüde
lebensmüde

### 8. Oktober

Gespräch: Zuviel reflektiere ich, um nicht zu verletzen. Und dadurch verletze ich anders.

### 9. Oktober

»Für den, der das System der Konfessionen hinter sich läßt, gibt es auf dem Felde des Glaubens keinen Gegner mehr«, lese ich bei Jörg Zink (Vielleicht ist es noch nicht zu spät).

### 11. Oktober

Ich muß dir helfen, die Waffen zu finden, sie dir vielleicht sogar liefern, mit denen du mich echt herausfordern kannst. An deinen »falschen Waffen« werde ich nicht reifen.

Wir besuchen die große Hodler-Ausstellung in Zürich. Bei vielen Bildern stellen wir fest, daß er unten eine schmale Linie im Bild gezogen hat, als wolle er so noch einen Rahmen schaf-

fen für das, was ihm angst macht. Er rahmt ein, was ihn zu über-
wältigen droht. Durch einen geraden Strich bannt er das
Beängstigende.

### 12. Oktober

Mit einem großen, gewaltigen Lachen gewisse Verantwort-
lichkeitsgeister vertreiben. Spinnen.

### 16. Oktober

Er ist Opfer unserer Erwartungen. Er soll reden, predigen,
und wir sind dann Opfer seiner leblosen, leeren Worte. Eine
Leidenssymbiose.

Ich sehe mich in einem Gottesdienst um und entdecke
leere, ungeforderte Gesichter. Durch das Reden eines Menschen wird an vielen vorbeigegangen. Ihr Beitrag bleibt unge-
geben, und die Augen kommen nicht zum Leben. Erst wieder,
wenn das Offizielle vorbei ist.

### 17. Oktober

Er übte Erpressungsgesichter.

### 22. Oktober

Ein Mann baut einen Turm, will ihn aber nicht fertigstellen,
weil es sein Lebenswerk ist und er danach nichts mehr zu bauen
haben wird. Er wundert sich die ganze Zeit, daß der Turm oben
flach ist, und als er ihn fertig hat, wird ihm gesagt, daß jetzt erst
der eigentliche Turm gebaut werden muß, daß es bisher nur das
Fundament gewesen sei.

Alfred Delp: »Wir gehen nie allein. Gott geht alle Wege mit.« Ich merke, daß ich bei dem Gedanken zuerst an die begleitende, mitmachende Seite Gottes denke, nicht an die kritische, beobachtende Seite. Mein Gottesbild verändert sich auch in meinem Gefühl langsam!

In meinen Träumen stundenlang Buchen und Kastanien fotografiert.

*24. Oktober*

Er war ein großer erhobener Zeigefinger.

*28. Oktober*

Ein Verhältnis, eine Beziehung hat als tiefstes Ziel (das aber nicht erreicht wird) die Aufhebung der Beziehung, zumindest die Aufhebung des Bedürfnisses nach einem Verhältnis. Dann stimmen beide Sätze, die Liebende einander sagen: Du bist ganz wichtig, und: Du bist ganz unwichtig.

*29. Oktober*

Es ist ein verhängnisvoller Fehler, zu glauben, daß der Christus in mir und der Christus in dir derselbe ist.

*30. Oktober*

Ich bin ein Landschaftssammler. In mir ist ein Archiv mit Landschaften, deren Zauber ich lebendig erhalte, indem ich sie mir immer wieder vor mein inneres Auge rufe.

*31. Oktober*

Ich will dir den Hammer in die Hände geben, mit dem du mich zerstören kannst, damit du merkst, daß du es nicht tun wirst, und dir selbst so traust, wie ich dir traue.

Ich habe mir erlaubt, einen Monat auszusetzen mit dem Tagebuchschreiben. Viel ist passiert, aber es mußte nicht festgehalten werden. Es durfte einfach passieren.

Manchmal habe ich den festen Glauben, daß das Schwere, das mir passiert, mir wegen anderen und für andere passiert. Ein Stück Stellvertretung. Und schon scheint es erträglicher zu sein.

Ein Monat großer Höhen und ungeheurer Tiefen. Es ist ein Abhärtungsprozeß. Stahl wird durch extreme Temperaturunterschiede gehärtet. Aber wie wird man hart, ohne hart zu werden? Hart, im Sinne von widerstandsfähig, möchte ich sein, aber dann doch noch weich und berührbar. Die meisten werden beim Abhärten auch hart.

Wir tauschen Vertrauen aus wie Grüße, wie ein Händeschütteln – welch eine Möglichkeit, einander zu begegnen.


*2. Dezember*

Die beiden stehen in einem Machtkampf. Jeder will dem andern befehlen können. Dabei ist der wirkliche Machtkampf der gegen das Macht*bedürfnis* in ihnen. Aber das haben sie noch nicht als Not erkannt. Darum gibt es auch noch keinen Kampf. Das Machtbedürfnis siegt immer.

Sein fehlendes Engagement drückte sich in seiner hängenden Unterlippe aus. Sie hing nur, als wäre kein Wille in ihr, als hätte eine Entscheidung (vielleicht jede Entscheidung) sowieso keinen Sinn.


*3. Dezember*

Heute der tiefe Wunsch, noch einmal ganz von vorne beginnen zu können. Vielleicht ist es der versteckte Wunsch, im Leben zurückzugehen, nicht zu reifen oder nicht mit den Konsequenzen meiner Entscheidungen zu leben.

Ich brauche dich. Wie würde ich sonst Geduld lernen? Wo würde ich sonst meine Unreife so schmerzhaft spüren?

Manchmal öffnet mir das, was ich nicht verstehe, den Weg in das, was ich nicht verstehe, am besten.

... dieses Mich-Umsehen nach Worten, mit denen ich verletzen kann, nachdem ich verletzt worden bin! Wie in einem Akt des Überschlagens finde ich immer aggressivere Worte und »schnappe so über«. Meine Worte sollen einen Kahlschlag schaffen.

Alles ist eine Einladung. Wozu es eine Einladung ist, entscheide ich.

Was du wirklich suchst, findest du nur hinter geschlossenen Lidern. Offener kannst du deine Augen nicht haben.

Solange noch etwas leer in dir ist, kann noch etwas werden. Darum liebe die Leere.

Ich sage dem Alten ab
Ich sage dem Neuen zu.
Ich sage dem Alten zu.
Ich sagen dem Neuen ab.
Ich entscheide. Und das Alte wird das Neue und das Neue wird das Alte. Es ist egal. In mir liegt die Veränderung. Ich brauche alles, um mich zu entscheiden.

Ich suche den Weg zu ihm. Aber schon im Gespräch erscheine ich ihm wie ein Anklagender und muß aufpassen, daß ich dann nicht einer werde. Am Ende bin ich erstaunt, daß ich so weit weg bin von meinem ursprünglichen Wunsch.

Was ist zu tun, wenn ich nicht als der eingeladen werde, der ich bin, wenn nur eine Seite von mir eingeladen wird, wenn nur eine gewisse Rolle von mir gewünscht wird? Ich kann nur sagen, daß ich als ganzer oder gar nicht komme.

### 7. Dezember

Mein Vertrauen zu dir wächst – und doch gibt es Momente, wo du mir durch eine gewisse Handlung das Vertrauen aus der Hand schlägst. Eigentlich stimmt das nicht. Ich lasse es mir aus der Hand schlagen. Oder noch genauer: Ich schlage es mir aus der Hand.

### 8. Dezember

»Wer Gott nicht denken muß, hat aufgehört zu denken« (Max Frisch).

### 9. Dezember

In einem Fluß wachsen Stille und Tiefe gleichzeitig.

Heute wollte ich einen langen Brief beenden und habe statt dessen einen Entwurf für ein Märchen gemacht. (So unterschiedlich sind die beiden Tätigkeiten gar nicht.)

### 10. Dezember

Die Angst vor dem Schmerz des Unerreichbaren läßt sie die Gefühllosigkeit wählen.

Ich stelle mir gewisse Situationen vor, frohe, befreiende Erlebnisse, und lasse sie dann los, weil sie noch nicht da sind. Ich will mein Leben nicht verwarten. Wenn sie eintreffen, gut. Aber jetzt muß ich sie loslassen.

»Rücksichtsloses Fragen führt unbedingt zur Verzweiflung. Ohne Verzweiflung kann der Mensch aber kein wirkliches Verlangen, kein lechzendes, letztes Verlangen nach Gott haben. Ohne Verzweiflung kann er nicht glauben. Gottlosigkeit ist Feigheit« (Manfred Hausmann).

### 13. Dezember

Momente, in denen das Aufgeben wie eine willkommene Flucht in das ersehnte Alleinsein ist.

## 14. Dezember

Ich merke, wie aus der Verletzung Ärger wird und aus dem Ärger Aggression und aus der Aggression Hoffnungslosigkeit. Vielleicht ist der Ärger schon eine Form der Hoffnungslosigkeit.

## 15. Dezember

Wir haben uns entschlossen, unsere innere Armut nicht zu verdecken. Wir wollen uns mit äußeren Geschenken nichts vormachen. Wir wollen aushalten, daß wir nicht weiter wissen. Wir nehmen unsere Bedürftigkeit an.

## 16. Dezember

Ich bin nicht mehr der junge Mann, der ich in mir bin – noch so auf das Leben zugehend, so vor den Entscheidungen stehend. Jetzt sind die meisten Entscheidungen getroffen, aber die, die mir noch bleiben, sind sehr kostbar.

## 18. Dezember

Nur weil er Angst hat vor seinem eigenen Denken, »hält er sich an die Bibel«, wie er sagt. Die Bibel ist Zuflucht vor sich selbst. Ein subtiler Mißbrauch.

## 20. Dezember

»Nur durch Illusionen finden wir zu unserer Verwirklichung«, sagt W. Ich denke da an die Illusionen, die mich zunächst auf die Reise gelockt haben. Nachdem ich dann erst unterwegs war, konnten die Illusionen sich sogar als solche herausstellen. Ich bin doch weiter gegangen. Vielleicht sind unsere Illusionen unsere eigenen Lockvögel. So führen wir uns selbst auf den Weg.

Da ist der stille, starke Glaube an das Wunder. Irgendwo kann sich eine Tür auftun, es gibt immer wieder Möglichkeiten. Ich deute Geschehnisse als Fingerzeige zum Wunder. Was ist das mehr als der tiefe Wunsch nach Gottes Gegenwart, nach seiner persönlichen, unmißverständlichen Zuwendung. In dieser Verfassung lese ich die Tageslese, und da heißt es: »Abraham war völlig gewiß: Was Gott verheißt, das kann er auch tun.« Ich merke, wie ich ängstlich bin, die Zusammenhänge für mich anzunehmen.

Momente, in denen alles abfällt. Fast, als schiene es leicht zu sein: leben, sterben, verlieren, gewinnen. Es ist eine undramatische Epiphanie, der Einbruch des Anderen, des Wirklichen, des Wahren. Es ist die Befreiung aus der verengten Sicht.

Gott, ich nehme mein Vertrauen nicht zurück, auch wenn es anders geht, als ich erwartet habe. Der größeren Unabhängigkeit gehen größere Abhängigkeiten voraus. Wenn der Schmerz am größten gewesen ist, hört er auf.

### 23. Dezember

Ein Brief von H. Gehen Freundschaften nicht letztlich immer durch das Auseinanderwachsen auseinander? Der eine will das, und der andere kann/will da nicht mehr mit. Können wir es nicht auch irgendwie als ein Kompliment verstehen, daß etwas zu Ende geht? Es zeigt Bewegung an.

### 24. Dezember

Wir feiern ganz ohne Geschenke und merken, wie Gewohnheiten gewisse Leeren verdecken.

Heute, in gewissen Momenten, kann ich die Unlösbarkeit mancher Fragen akzeptieren. Es hat mit Momenten der Schwäche zu tun. Wenn ich schwach bin, bin ich genügsamer.

Die Spannung nicht auflösen. Die gespannte Sehne des Bogens, die Saite des Musikinstruments bleiben. Selbst Pfeil und Saite sein. Sich schießen lassen, sich spielen lassen durch die Spannung. Das Leben ist zweiseitig, zweisaitig, ist darum immer Spannung. Der Tod ist einseitig. Die Einseitigkeit als Flucht vor dem Leben entlarven. In unseren Gesprächen sind wir dabei, die Spannung abzubauen, ein einseitiges Bild zu basteln, um alles erträglicher zu machen. Auch das sind wir. Menschen mit Grenzen.

*31. Dezember*

»Der Nächste steht uns in Wahrheit nicht im Wege, sondern er steht am Rand des Abgrunds als Schutzengel, der uns hindert, aus den Realitäten des Lebens hinaus in die Illusionen zu gleiten« (Paul Schütz, Warum ich noch ein Christ bin).

Du empfindest dich wie aufgeschlitzt unter Menschen und fliehst darum in deine Einsamkeit. Da darfst du du sein. Habe keine Angst. Was sich so verletzbar anfühlt, ist der neue Mensch, das Kind, das Gotteskind, die Tochter des Geistes. Sie bricht hervor, aber ihre Haut ist dünn. Schon angesehen werden schmerzt. Aber es ist nicht das Ausgehen oder Verlöschen, sondern das Geborenwerden, das Aufblühen. Und deine Tränen sind deine Taufe.